초등 사회 시간에 배우는 우리나라와 세계

초등 사회 시간에 배우는 우리나라와 세계

초판 1쇄 발행　2025년 12월 24일

지은이　김다원·윤병도
편집　이선주
디자인　작품미디어
펴낸이　김선기
펴낸곳　(주)푸른길
출판등록　1996년 4월 12일 제16-1292호
주소　(03877) 서울시 구로구 디지털로 33길 48
대륭포스트타워 7차 1008호
전화　02-523-2907, 6942-9570~2
팩스　02-523-2951
이메일　purungilbook@naver.com
홈페이지　www.purungil.com

ISBN　979-11-7267-068-9 (73980)

☆☆☆
시민의 눈으로
세상을 읽는
연습

초등 사회 시간에 배우는 우리나라와 세계

김다원·윤병도 지음

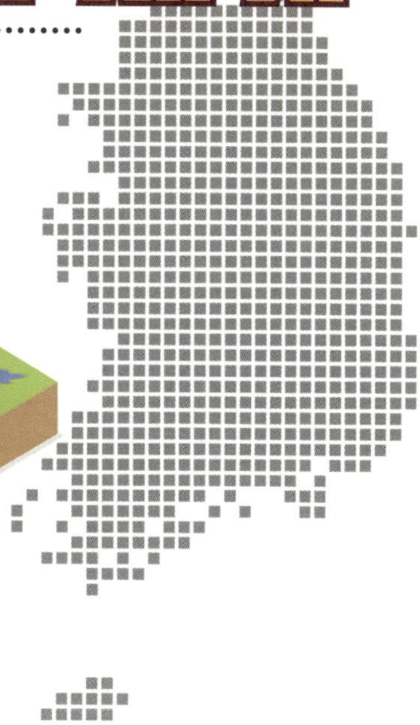

푸른길

지도를 펼치고, 세상의 변화를 읽는 '시민의 눈'을 키운다!

혹시 사회 시간만 되면 괜히 마음이 무거워지는 친구들이 있나요? 지도에 가득한 선과 색깔, 통계표 속의 숫자들이 어렵게 느껴질 때도 있을 거예요. 산맥과 강의 이름, 세계 여러 나라의 기후와 땅의 모습이 나의 삶과는 전혀 상관없는 이야기처럼 느껴질 때도 있지요. 하지만 사실 사회 공부, 그중에서도 '지리'는 세상에서 일어나는 수많은 일을 이해할 수 있게 도와주는 아주 특별한 공부랍니다.

지리를 배우면 우리가 살아가는 곳이 어떤 환경 속에 있는지, 사람들이 어떻게 서로 연결되어 살아가는지를 알 수 있어요. 지도 속에는 단순한 선이나 색깔이 아니라, 사람과 자연의 이야기, 그리고 변화의 흔적이 숨어 있답니다. 지도는 세상을 읽는 마법의 창이에요. 지도는 그저 장소를 찾는 그림이 아니에요. 지도에는 '장소와 공간의 이야기'가 담겨 있답니다. 산이 많은 곳에서는 어떤 생활이 이어져 왔을까요? 바다가 가까운 마을에서는 어떤 일들이 생겼을까요? 이런 질문을 던지며 지도를 보면, 세상이 훨씬 더 흥미롭게 다가와요. 예를 들어, 강원도의 산속 마을에는 맑은 물과 시원한 바람을 이용해 농사를 짓는 사람들의 지혜가 숨어 있고, 남해의 섬마을에는 바다와 함께 살아온 어부들의 이야기가 흐르고 있지요. 지도를 펼치면 사람과 자연이 함께 살아온 시간의 발자국이 보입니다. 그래서 지도는 '세상을 이해하는 창문'이라고 할 수 있어요.

지리를 배우면 세상을 연결해서 볼 수 있답니다. 우리의 하루는 지리와 떼려야 뗄 수 없어요. 아침에 먹는 밥이 어디서 왔는지, 입고 있는 옷이 어떤 나라에서 만들어졌는지 생각해 본 적 있나요? 식탁의 음식 재료들은 논과 밭에서 자라나고, 옷감은 먼 나라의 공장에서 만들어져 오기도 해요. 이처럼 세상은 수많은 장소와 사람들의 관계로 이어져 있답니다.

지리를 배우면 '왜'라는 질문에 답하는 힘이 생겨요. 왜 어떤 나라는 더운 기후를 갖고, 어떤 나라는 눈이 자주 오는 추운 날씨일까요? 왜 어떤 지역은 농사를 짓고, 어떤 지역은 공장을 세울까요? 이런 물음에 답하는 과정 안에서 우리는 세상의 모습을 이해하고, 그러한 모습에서 자연환경과 사람들의 삶 속에 담긴 원리를 파악하면서 생각하는 힘을 키워요.

세상을 바라보는 '시민의 눈'을 키웁시다. 이 책은 여러분이 세상을 더 넓고 깊게 바라볼 수 있도록 돕는 책이에요. 단순히 장소의 이름이나 숫자를 외우는 공부가 아니라, '시민의 눈으로 세상을 읽는' 연습을 함께 해볼 거예요. '시민의 눈'이란, 나만의 생각을 넘어서 세상을 함께 살아가는 사람과 자연의 입장에서 바라보고 모두가 더 살기 좋은 곳에서 살아가는 데 필요한 일을 찾는 안목이에요. 우리나라의 산과 강, 마을뿐 아니라 지구 반대편 사람들의 삶에도 관심을 가지고, 지구에 사는 모든 사람과 생물은 하나의 공동체임을 인식하는 눈이지요. 이 눈을 뜨면, 지도 속 낯선 땅도 더는 낯설지 않게 느껴져요. 지구 곳곳의 자연과 문화가 연결되어 있고, 그 속에서 우리가 함께 살아가고 있다는 사실을 깨닫게 됩니다.

지리를 통해 '더 나은 세상'을 그려봅시다. 지금 지구는 기후 변화, 환경 오염, 전쟁과 갈등 같은 문제로 여러분의 관심이 필요해요. 이런 문제를 해결하기 위해서는 세상을 보는 눈, 그리고 함께 살아가려는 마음도 필요하고요. 지리를 배우는 일은 바로 그 첫걸음이에요. 이 책을 통해 여러분은 우리나라의 산과 강, 바다, 도시와 마을을 살펴보고, 지구 곳곳의 다양한 자연환경과 문화를 만나게 될 거예요. 그리고 배우는 모든 순간마다 '나는 어떤 시민일까?'라는 질문을 하게 될 거예요.

이제 지도를 펼치고, 세상의 변화를 읽는 눈으로 우리나라와 세계를 함

께 여행해 봅시다. 여러분의 시선이 닿는 모든 곳에서 새로운 생각과 깨달음이 싹트길 바랍니다.

자, 준비되었나요? 지도를 펴고, 세상을 읽는 여행을 시작해 봅시다.

차 례

제3장 국토의 인문환경

제4장 대한민국 동해의 첫 섬, 독도

제5장 지구, 대륙 그리고 국가들

제6장 우리나라와 관계 깊은 세계

제7장 지구촌의 평화와 발전

제 1 장

국토의 위치와 영역

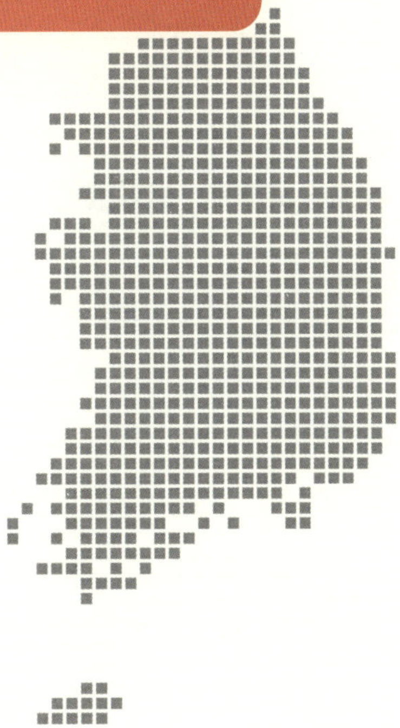

위치를 안다는 것은 무엇일까요?

사람과 땅 위에 있는 모든 물체는 자리를 차지하고 있습니다. 위치는 사람이 있는 자리 그리고 어떤 것이 차지하고 있는 자리를 말합니다. 그렇다면 사람과 지형지물 그리고 장소와 지역의 위치를 안다는 것은 왜 중요할까요?

너 지금 어디야? : 위치 표현

우리는 친구들과 전화로 또는 직접 만나서 대화를 할 때 "너 지금 어디야?", "왜 거기에 있어?", "이번 주말에 어디서 만날까?" 등 위치를 묻는 말을 자주 합니다.

여러분의 경험을 떠올려 보면서 친구나 가족과 대화할 때 위치에 대한 질문을 몇 번이나 했는지 그리고 왜 위치를 물어보았는지 생각해 봅시다.

우리는 위치를 말하기 위해서 눈에 잘 띄고 많은 사람들이 알고 있는 랜드마크(상징물)를 활용하기도 하고, 주변 장소의 특성을 활용하기도 합니다. 그리고 주소를 활용하기도 하지요. 예를 들어, "나 지금 ○○도서관 옆 공원에 있어", "나는 ○○식물원에 있어", "○○공원 정문 앞 버스정류장에서 만나자", "○○학교는 필문대로 55에 있어"라는 표현처럼 사람들은 위치를 표현할 때 주변의 상징물이나 장소의 특성 그리고 주소를 활용하기도 합니다.

여러분은 지금 어디에 있나요?

숫자로 표현하는 위치 : 수리적 위치

▲ 영화관 좌석표

영화 티켓을 보면 좌석에 'J7'과 같은 글자와 숫자가 적혀 있습니다. 이것을 보면 영화관 좌석표에서 내 자리가 어디에 있는지 쉽게 찾을 수 있습니다. 이와 비슷하게 우리가 잘 모르는 장소를 찾아갈 때 인터넷 지도에서 장소를 검색하여 장소의 위치를 파악하기도 하지만 '서울특별시 종로구 사직로 161'처럼 도로명 주소를 이용하면 더 정확하게 위치를 파악할 수 있습니다.

이처럼 위치는 문자와 숫자 또는 숫자로 표시된 주소를 활용하여 표현하면 그 위치를 읽는 독자가 보다 정확하게 장소를 이해할 수 있습니다. 즉, 다른 사람과 위치를 공유할 때 편리함을 줄 수 있습니다. 그렇다면 국가의 위치도 숫자로 표현할 수 있을까요? 국가의 위치를 표현하는 방법을 알기 위해서는 지구본과 세계지도에 그려져 있는 여러 선에 대해 알아야 합니다. 이 선들은 국가가 어디에 있는지 숫자로 표현하는 데 꼭 필요하답니다.

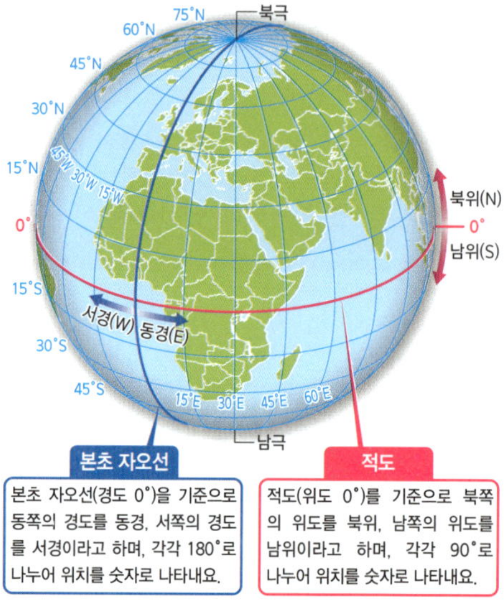

지구본과 세계지도를 보면, 가로선과 세로선이 그어져 있는 것을 볼 수 있습니다. 적도와 평행하게 그어진 가로 선을 '위선'이라고 합니다. 그리고 북극에서 남극까지 연결하는 세로선은 '경선'이라고 합니다. 이 선들은 숫자로 표시되어 있습니다. 숫자는 위도와 경도를 말합니다. 이 숫자를 활용하여 지구상의 국가, 지역 등의 위치를 표현할 수 있습니다. 이 위선과 경선이 만나는 지점이 지구상의 주소가 되는 것입니다. 우리나라의 위치도 위도와 경도를 이용하면 정확한 위치를 파악할 수 있습니다.

수리적 위치는 이렇게 숫자를 활용하여 지구상의 위치를 표현한 것입니다. 수리적 위치를 알면, 국가, 지역의 위치, 기후, 식생, 사람들의 생활모습, 다른 지역과의 시간 차이 등을 파악하는 데 도움을 얻을 수 있습니다.

우리나라와 같은 위도대에 있는 나라를 찾아봅시다. 같은 위도대에 있어서 어떤 공통점이 있을까요?

▲ 우리나라와 같은 위도대와 경도대 국가들

우리나라와 같은 경도대에 있는 국가들을 찾아봅시다. 같은 경도대에 있는 국가들에는 어떤 비슷한 점이 있는지 찾아봅시다.

위도로 기후를 상상한다고?

지구에는 적도(0°)가 있습니다. 적도에서 가장 먼 북쪽 끝은 북극(N90°), 가장 먼 남쪽 끝은 남극(S90°)이라고 합니다. 적도에서부터 북극과 남극까지 얼마나 떨어져 있는지 숫자로 표시할 수 있습니다. 그것을 우리는 위도라고 합니다. 적도를 기준으로 북쪽에 있으면 북위(N), 남쪽에 있으면 남위(S)로 표시합니다.

그런데 위도를 알면 기후를 상상할 수 있다는 말은 뭘까요? 기후는 위

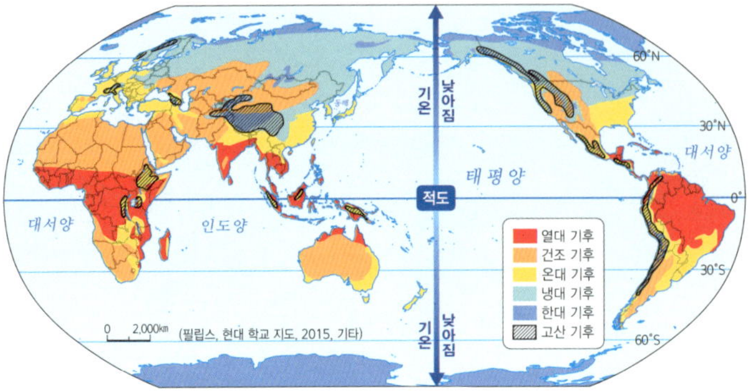

▲ 세계의 기후 지역

도와 관련되어 있습니다. 위도가 달라지면, 즉 북쪽으로 갈수록 또는 남쪽으로 갈수록 기온과 강수량의 변화가 있습니다. 적도에서 극지방으로 가면서 열대 기후, 온대 기후, 냉대 기후, 한대 기후 등 다양한 기후가 나타납니다. 세계지도를 활용하여 위도에 따른 기후의 변화를 살펴봅시다. 그리고 같은 기후지역에 있는 국가들을 찾아보고 국가별로 기후 특성을 조사해 봅시다.

왜 2022년 FIFA 카타르 월드컵은 11월에 개최되었을까요?

경도로 시간을 알 수 있다고?

경도는 본초 자오선을 기준으로 동쪽이나 서쪽으로 얼마나 떨어져 있는지를 나타낸 것입니다. 동쪽으로 떨어져 있으면 '동경(E)', 서쪽으로 떨어져 있으면 '서경(W)'으로 표현합니다. 경도에 따라서 지역의 위치와 시간대가 정해집니다. 보통 경도 15도마다 1시간의 차이가 나타납니다. 동쪽으로 갈수록 15°마다 1시간씩 빨라지고, 서쪽으로 갈수록 15°마다 1시간씩 늦어집니다. 사람들은 경도를 활용해 지역별 시차를 계산하고, 이를 바탕으로 다른 지역 사람들과 교류하거나 일정을 계획합니다. 그리고 세계의 여러 지역들의 위치적 관계를 파악하는 데 도움을 얻습니다. 따라서 경도를 이해하지 못하면 세계의 여러 지역들 간의 관계를 이해하는 데 어려움이 있겠죠?

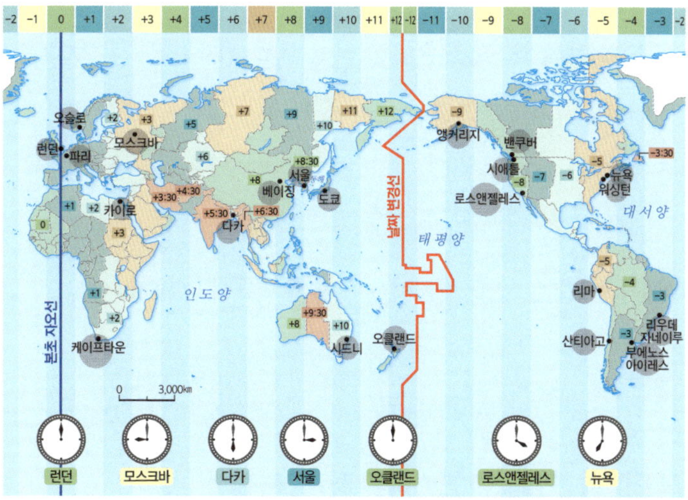

▲ 세계의 시간대

중국은 동서로 매우 넓어서 약 60°정도의 경도 차이가 나타납니다. 60°의 경도 차이는 4시간의 시간 차이가 나타나게 됩니다. 그러나 중국 전역에서는 표준시간으로 베이징 시간대를 사용합니다. 어떤 장단점이 있을까요?

지리적 환경으로 표현한 위치 : 지리적 위치

위치를 표현하는 방법으로 지리적 위치가 있습니다. '지리적'이라는 말에서 느껴지는 것처럼 대륙, 바다, 섬, 만, 반도, 강, 산 등의 지리적 환경을 활용하여 한 장소 또는 지역의 위치를 표현하는 방법입니다. 예를 들어, "대한민국은 유라시아 대륙의 동쪽에 위치해 있어", "마라도는 우리나라의 제주도 남쪽에 있는 섬이야", "땅끝마을은 해남반도의 남쪽 끝에 있어." 등은 지리적 위치로 표현한 사례입니다. 지리적 위치를 알면 그 지역의 기후와 지형적 특성을 파악하여, 그곳 사람들의 의식주와 고유한 문화를 더 깊이 이해할 수 있습니다. 그리고 오늘날과 같은 기후변화에 대응하여 어떤 지역이 더 취약한지 파악하고, 해결 방안을 모색하는 데 도움을 얻을 수 있습니다.

➲ 여러분들이 가 본 곳을 지리적 위치를 활용하여 말해 봅시다.

국가와의 관계성을 표현하는 위치 : 관계적 위치

위치를 표현하는 방법으로 관계적 위치가 있습니다. 관계적 위치는 다른 장소, 지역, 국가 등과 관련지어 어떤 곳의 위치를 표현하는 방법입니다. 예를 들어, "우리나라의 서쪽에는 황해를 사이에 두고 중국이 있고, 북쪽에는 압록강과 두만강을 사이에 두고 중국과 러시아가 있어, 동쪽으로는 동해 건너에 일본이 있어", 등은 관계적 위치를 표현한 것입니다. 관계적 위치에는 정치적, 경제적, 문화적 특성들이 반영되기도 합니다. 그래서 '동북아시아 허브로서 인천공항', '동서양의 문화가 만나는 중심지로서 이스탄불' 등의 표현에서 처럼 경제적, 문화적 특성 등을 활용하여 여러 가지 방식으로 표현할 수 있어요.

위치의 표현은 상징물과 같은 기준을 활용해서, 경도와 위도를 활용해서, 그리고 지리적 환경을 활용해서 그리고 다른 지역과 국가와의 관계를 활용해서 다양한 방식으로 할 수 있어요. 그런데 '위치를 안다는 것'은 위치를 말로 표현하는 것뿐 아니라 위치에 따라 나타나는 특성('위치 속성'이라고 해요)을 파악하는 것을 포함합니다. 단순히 어디에 있는가를 표현하는 것 이외에 그곳에 위치하기 때문에 나타나는 특성을 파악하는 것은 위치뿐만 아니라 장소의 특성도 알게 되는 흥미로움을 더해 줍니다.

위치 속성의 사례를 찾아 말해 봅시다.

예 대관령은 해발고도 700m 이상에 있어서 여름에도 무덥지 않은 서늘한 기후가 나타납니다.

우리나라의 위치를 어떻게 표현할까요?

우리나라는 어디에 있을까요? 지도를 보면서 우리나라의 위치를 표현해 봅시다. 그리고 우리나라의 위치 특성도 살펴봅시다.

우리나라의 위치는 지도를 활용해서 살펴볼 수 있어요. 위도와 경도상의 위치부터 살펴봅시다. 우리나라는 동경 124°~132°에 있습니다. 본초 자오선으로부터 9시간 빠른 시간대에 있지요. 위도상으로는 북위 33°~43°의 북반구 중위도 지역에 자리잡고 있습니다.

지리적으로 우리나라는 유라시아 대륙의 동쪽 끝에 있으며 태평양에 접해 있습니다. 이러한 위치로 인해서 우리나라는 대륙과 바다 사이에서 불어오는 계절풍의 영향을 받는 계절풍 기후의 영향을 받습니다. 계절풍

▼ 경도와 위도로 본 우리나라 위치

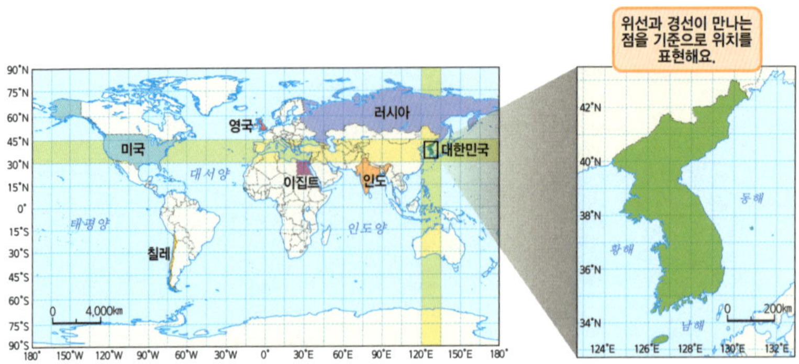

기후는 대륙과 바다에서 발생하는 기단(기온과 습도를 갖고 있는 공기 덩어리)의 영향을 받은 기후로, 말 그대로 '계절에 따라 발생하는 바람의 특성에 의해 계절별로 특성을 보이는 기후'입니다.

여름에는 남서 계절풍, 남동 계절풍의 영향으로 기온이 높고 강수량이 많으며(고온 다습), 겨울에는 북서 계절풍의 영향으로 기온이 낮고 강수량이 적은 기후(한랭 건조)가 나타납니다. 따라서 여름에는 풍부한 강수량과 높은 기온을 활용하여 벼농사가 가능하였고, 밥을 주식으로 하는 음식 문화와 민속놀이, 세시 풍속, 기타 농경 생활과 관련된 여러 가지 전통문화가 발달했습니다.

또한, 우리나라는 주변에 바다가 있어 바다와 관련된 다양한 문화가 발달했어요. 바다를 통해 주변 여러 나라들과 교류하면서, 다양한 문화를 받아들이고 새롭게 만들어 낼 수 있었지요. 오늘날에는 비행기를 이용한 교류가 많지만, 예전에는 중국, 일본, 이슬람 문화권, 서유럽과의 교류도 바다를 많이 이용했어요. 이처럼, 우리의 문화는 이러한 지리적 환경의 영향을 받아서 형성된 것이라고 할 수 있어요.

이제 주변에 있는 다른 나라들과의 관계적 위치도 살펴봅시다. 우리나라는 일본, 중국, 러시아와 같은 나라들과 이웃하고 있어요. 그래서 오래전부터 이들 나라를 오가며 사람들이 교류해 왔고, 경제와 문화 분야에서도 다양한 관계를 맺어 왔지요. 하지만, 항상 평화롭게 지낸 것만은 아니었어요. 주변 나라들의 침략에 대비해야 했던 시기도 있었고, 우리나라는 한때 일본의 식민 지배를 받기도 했습니다. 이처럼, 주변 나라들과의 관계를 올바르게 이해하고, 서로에게 도움이 되는 교류의 방법을 찾는 것은 우리나라뿐 아니라 세계의 지속적인 평화와 발전을 위해서도 매우 중요합니다.

우리나라의 위치를 말해 봅시다.

더 알아보기

지정학적 위치와 지경학적 위치는 무엇일까?

최근 뉴스에서 지정학적 위치와 지경학적 위치라는 말을 자주 들을 수 있어요. 이 두 가지는 위치의 특성을 정치, 군사, 경제적인 측면에서 살펴보는 방법입니다.

지정학적 위치는 특정 지역의 정치적, 군사적, 외교적 관계를 위치적 관점에서 설명하는 것입니다. 예를 들어, 우리나라는 중국, 러시아, 일본 같은 주변 국가들과 가까워서 군사적, 외교적으로 중요한 위치입니다. 우리나라는 해양과 대륙으로 다른 지역과의 교류가 아주 유리한 위치적 장점을 갖고 있으면서도 주변의 강대국들과 협력하고 균형을 이루는 외교도 매우 중요합니다.

지경학적 위치는 어떤 지역이 경제 활동을 하기 좋은 위치인지, 다른 지역과 어떻게 교류하는지를 나타내는 개념이에요. 예를 들어, 우리나라가 동북아시아의 무역 중심지로서 중요한 역할을 하거나, 산업과 물류의 중심지로 발전하고 있다고 표현하는 것이 지경학적 위치와 관련된 내용이에요.

이처럼 위치에 따라 나타나는 다양한 정치적·경제적 특성을 이해하면, 우리나라의 역할과 중요성을 더 잘 알 수 있어요.

영해 기선

- 통상기선 : 영해의 설정은 썰물 때 나타나는 해안선을 기준으로 12해리(약 22km)까지를 영해의 범위로 규정, 우리나라의 동해에 적용
- 직선기선 : 해안선이 복잡하거나 해안과 떨어진 많은 섬들이 있는 경우 썰물 때 해안선을 따라 영해의 범위를 설정하기 어렵기 때문에 가장 바깥쪽 섬이나 곶을 직선으로 연결한 선을 기준으로 영해의 범위를 규정, 우리나라의 황해, 남해에 적용

우리나라의 영역은 어디까지일까요?

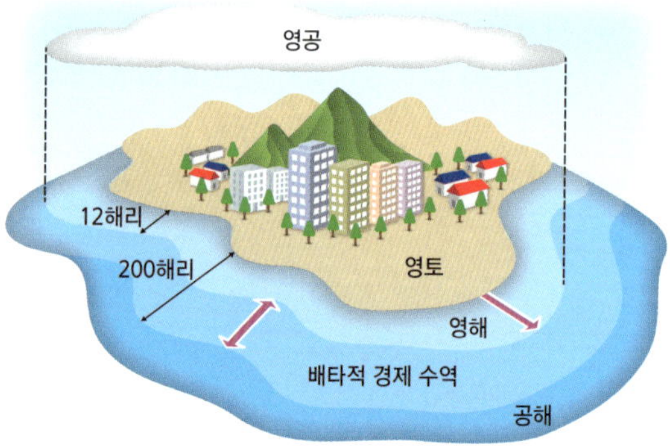

▲ 영토의 구성

한 나라의 영역은 영토, 영해, 영공으로 구성됩니다. 우리나라의 영토, 영해, 영공의 범위는 어디까지인지 살펴봅시다. 우리나라의 영토에 대해서는 헌법 제3조에 "대한민국의 영토는 한반도와 그 부속 도서로 한다"고 명확하게 제시하고 있습니다. 부속 도서는 우리나라 영토에 속해 있는 섬을 말합니다. 영토는 여러 방법으로 증가하거나 감소할 수 있습니다. 자연재해로 인해 잃을 수도 있고 적의 침입으로 빼길 수도 있지만 간척 사업 등으로 영토를 확장하기도 하지요.

우리나라의 영해는 영해 기선으로부터 12해리(약 22.22km)입니다. 영해 기선은 영해를 정하기 위한 기준선이에요. 썰물 때 만들어지는 해안선이나 영토에 속한 제일 바깥 섬들을 직선으로 연결한 선을 영해 기선으로 사용합니다. 영해는 국가의 영역으로 국민의 생활 터전이 되기도 하며, 여러 가지 자원을 품고 있는 곳이랍니다. 그리고 다른 나라와 교류를 위한 해상교통로 역할을 합니다.

우리나라의 영공은 영해와 영토의 위에 있는 하늘입니다. 하늘도 우리나라의 영역이기 때문에 다른 나라 항공기가 우리의 영공을 이용할 때는 미리 허가를 받아야 합니다. 우리의 영토, 영해, 영공은 우리나라의 주권이 행사되는 곳입니다. 우리 국민이 안전하게 경제 활동과 사회생활을 할 수 있는 곳이지요. 그래서 우리나라의 영역을 아는 것은 우리의 삶의 터전을 알고 가꾸는 데 중요한 일이라고 할 수 있습니다.

사회과 부도 또는 디지털 영상 지도 등을 활용하여 우리나라의 영토, 영해, 영공의 범위를 살펴봅시다.

우리나라 국토 구분의 기준은 무엇일까요?

국토를 나누는 기준은 시대나 지역에 따라서 다양하게 사용됩니다. 옛날에는 주로 하천(강), 산맥(산지), 바다, 호수 등의 지형을 지역의 경계로 삼았습니다.

오늘날처럼 교통수단이 많이 발달하기 전에는 사람들이 높은 산과 넓은 강을 오르내리고 건너기가 어려워서 두 지역 간 왕래가 잦지 않았습니다. 그래서 자연스럽게 지역 내 사람들 간 교류로 이루어졌고 지역 공동체 중심의 사회가 되었습니다. 즉, 사람들의 이동을 어렵게하는 큰 지형은 지역 공동체와 문화의 차이를 만들고, 결국에는 국토를 나누는 경계의 역할을 하게 되었답니다.

우리나라에서도 오래전부터 지형을 기준으로 국토를 구분해 왔어요. 한번 살펴볼까요? 북한 지역에서는 낭림산맥을 기준으로 평양이 있는 관서 지방과 함흥이 있는 관북 지방으로 나뉘었습니다. 강원도 지역은 태백산맥을 기준으로 동쪽의 강릉이 있는 지역은 영동지방, 서쪽의 춘천이 있는 지역은 영서지방이라고 했습니다. 금강을 중심으로 서북쪽은 호서지방, 남쪽은 호남지방으로, 소백산맥을 중심으로 동쪽은 영남지방, 서쪽은 호남지방으로 불렸습니다.

오늘날의 행정구역도 전통적으로 지역을 구분했던 지형을 사용하기도 합니다. 다만, 행정의 편의를 위해서 국토를 더 작은 단위로 나누어 행정

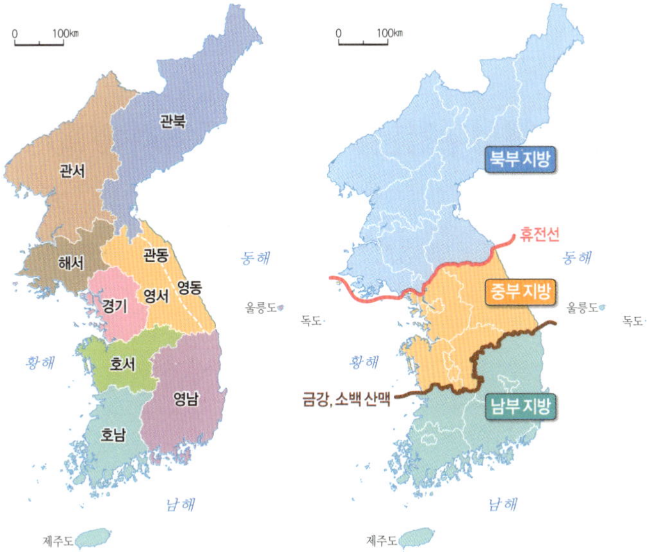

▲ 우리나라 국토 구분

구역을 설정하여 사용하고 있습니다. 이러한 작은 단위의 행정구역 경계에는 지형이 있기도 하지만 인위적 구분선이 사용되기도 합니다.

- 여러분이 살고 있는 지역의 행정구역 경계는 무엇인지 살펴봅시다.
- 행정구역 구분은 왜 필요할까요?

우리나라 행정구역은 어떻게 이루어져 있을까요?

현재 대한민국의 행정구역 경계선은 자연환경을 주로 활용하되, 인구 규모, 지역의 크기 등을 사용하고 있습니다. 우리나라는 효과적으로 행정 업무를 처리하고 주민들의 생활에 편의를 제공하기 위해서 여러 차례 행정구역을 바꾸어 왔습니다.

현재 우리나라의 행정구역은 크게 서울특별시, 세종특별자치시, 강원특별자치도, 제주특별자치도, 전북특별자치도 등 3개 특별자치도, 6개 광역시, 6개의 도를 포함하는 17개 광역 자치 단체로 구성되어 있습니다. 그리고 광역 자치 단체를 구성하고 있는 행정 단위로 시, 군, 구 단위의 기초 자치 단체를 두고 있습니다.

광역 자치 단체는 정부를 구성하는 큰 단위의 행정구역이며, 기초 자치 단체는 광역 자치 단체를 구성하고 있는 행정구역입니다. 국가-광역 자치 단체-기초 자치 단체의 행정구역 구조를 형성하고 있지요. 광역 자치 단체와 기초 자치 단체는 '자치' 단어에서 살펴볼 수 있듯이 지역의 환경에 기반하여 지역 주민의 편의에 목적을 두고 지역 주민의 역할에 의해 유지되는 곳이랍니다. 그래서 광역 자치 단체장과 기초 자치 단체장은 지역 주민들이 직접 선출하여 정합니다. 여러분의 기초 자치 단체와 광역자치단체는 어디인지 찾아봅시다.

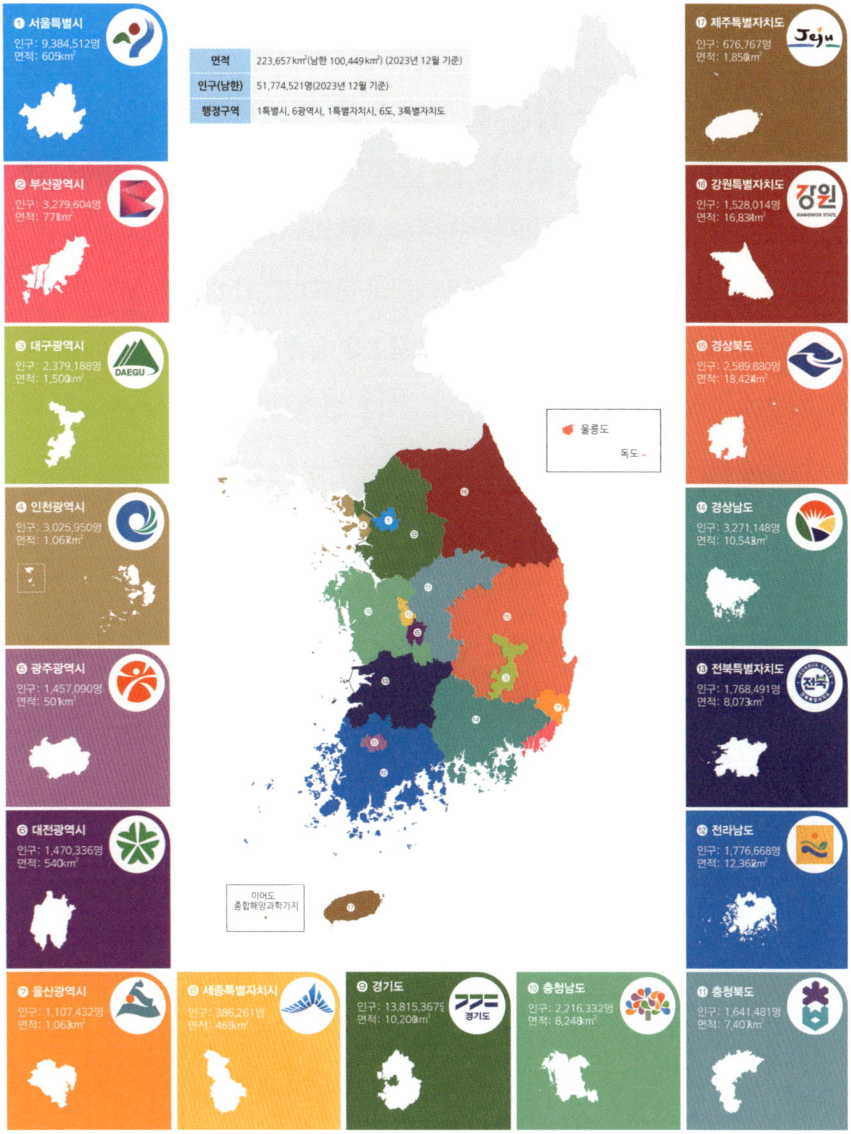

▲ 대한민국의 광역 자치단체(국토교통부·통계청, 2024)

내가 살고 있는 행정구역은 어디일까요?

앞에서 살펴본 것처럼 우리나라는 여러 행정구역으로 나누어져 있습니다. 그중 서울특별시와 세종특별자치시는 우리나라의 중요한 행정 기능을 맡고 있는 곳입니다. 서울특별시는 조선 시대 도읍지로 선정된 이후 지금까지 행정, 입법, 사법의 중심지 역할을 하면서 우리나라를 대표하는 국가의 수도로 자리 잡고 있습니다. 서울은 한반도 전체로 보면 중앙부에 있어서 조선 시대 도읍지로서는 남과 북을 전체적으로 통치하는 데 유리한 위치적 장점을 가진 지역이었습니다.

세종특별자치시는 수도권 중심의 개발과 인구와 산업의 집중에 따른

▼ 우리나라 행정구역 체계

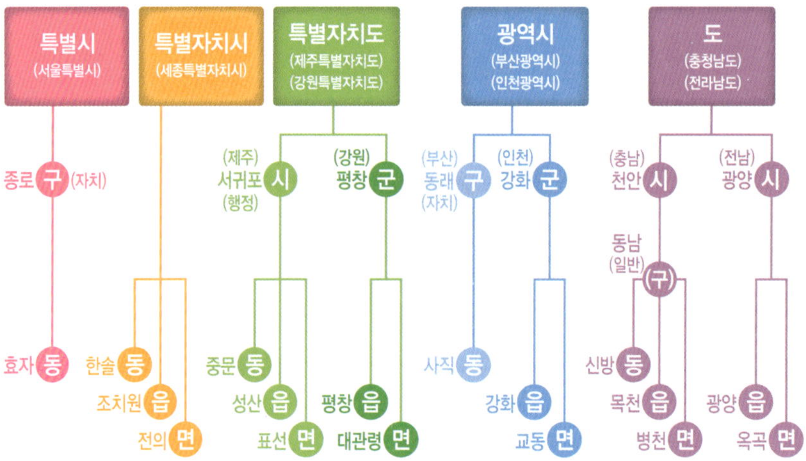

문제를 해결하고, 국토 균형 발전 추진 정책을 토대로 계획적으로 건설된 행정수도입니다. 충청남도 연기군과 공주시, 충청북도 청원군의 일부를 포함하여 만든 우리나라 유일의 특별자치시이지요. 현재 우리나라 정부의 주요 공공 기관들이 서울에서 이곳으로 이전해 있어요.

부산, 인천, 대구, 광주, 울산, 대전은 광역시예요. 광역시는 여러 가지 산업이 발달하면서 인구가 집중되어 군이나 시가 광역시로 승격된 곳입니다. 일반적으로 시의 인구가 100만 명을 넘으면 행정 수요가 커지므로 특례시로 지정되거나 광역시 승격을 추진하는 논의가 활발해집니다. 하지만 단순히 인구만 많다고 광역시가 되는 것은 아니며, 주변 지역과의 연계성, 도시 발전 수준, 행정 기능 등 다양한 기준을 충족해야 합니다.

광역시에는 구, 군과 같은 기초 자치 단체 등이 있습니다. 기초 자치 단체에서 광역시로 승격되면 자치권을 행사하여 지역의 예산을 독자적으로 사용하며 지역민의 복지, 경제 활동, 문화 등을 지원할 수 있어요. 자치권을 행사하면서 지역 발전을 추진해야 하므로 적극적으로 지역민과 소통하면서 지역 경제를 살리고 지역 실정에 맞는 행정을 하는 것도 중요합니다.

광역시와 같은 광역자치단체로는 '도' 단위 행정구역이 있습니다. 시, 군 등의 기초 자치 단체를 두고 있습니다. 우리나라에는 제주특별자치도, 강원특별자치도, 전북특별자치도, 경기도, 충청남도, 충청북도, 전라남도, 경상남도, 경상북도 등 9개의 도가 있어요. 특별시, 광역시와 함께 대한민국의 상위 행정구역입니다. 시, 군 등의 기초 자치 단체 중심의 행정을 토대로 도 행정을 실시하는 데 중점을 둡니다.

기초 자치 단체는 '화성시', '보은군', '청주시 홍덕구'처럼 시, 군, 구 등의 광역자치단체를 구성하는 더 작은 행정구역입니다. 광역자치단체의 정책과 제도의 영향을 받기는 하지만 '자치단체'의 용어에서 알 수 있듯이 지역주민들의 의사결정을 토대로 민주주의를 실천하는 공동체입니다. 지역의 환경과 지역주민들의 의견을 바탕으로 살기 좋은 지역사회를 만들어 가는 작은 단위의 공동체이지요. 이러한 공동체의 민주주의 실천이 모여서 살기 좋은 국가 그리고 평화로운 세계를 만들어 갑니다. 그만큼 지역사회에서 여러분의 역할도 중요하다고 할 수 있지요.

➡ 여러분이 살고 있는 행정구역은 어디인가요? 면적, 인구, 자연환경을 살펴보고, 다른 행정구역과 비교해 봅시다. 조사와 비교를 통하여 여러분이 살고 있는 행정구역의 특성을 정리해 봅시다.

더 알아보기

우리나라 땅 이름에 숨겨진 비밀

충청남·북도는 왜 동서가 아닌 남북으로 불릴까?

우리나라 지도를 보면 전라도나 경상도는 위아래(남쪽과 북쪽)로 나뉘어 '남도', '북도'로 불리지만, 충청도는 동쪽에 충청북도, 서쪽에 충청남도가 있어 마치 좌우(동서)로 길게 갈라진 것처럼 보입니다. 좌우로 나뉘어 있는데 왜 '충청남도'와 '충청북도'라고 부르는 걸까요? 이 이름 속에는 조선 시대 군사 전략부터 근대 행정의 비밀까지 숨어 있습니다.

1. 왕의 시선에서 태어난 '좌도'와 '우도'

오늘날의 남북 명칭이 생기기 전, 조선 시대에는 충청도를 '충청좌도'와 '충청우도'로 나누어 불렀습니다. 이 좌우를 나누는 기준은 우리가 보는 지도가 아니었습니다. 바로 나라의 중심인 왕이 있는 한양(서울)이 기준이었습니다. 왕이 궁궐에서 남쪽 땅을 바라보았을 때, 왕의 왼쪽에 해당하는 땅을 좌도(지금의 충청북도), 오른쪽에 해당하는 땅을 우도(지금의 충청남도)라고 불렀습니다. 이처럼 조선 팔도의 많은 지역이 좌도와 우도로 나누어져 관리되었습니다.

2. 이순신 장군과 해안 방어를 담당했던 '우도'

충청좌도와 충청우도는 단순히 이름을 나눈 것을 넘어 기능적으로도 달랐습니다. 충청좌도는 청주, 충주 등 산과 내륙 지역을 담당했지만, 충청우도는 서해안을 따라 중요한 군사적 역할을 수행했습니다. 여러분도 잘 아는 이순신 장군이 임진왜란이 시작될 때 맡았던 벼슬이 '전라좌수사'였습니다. 조선 시대에는 바다와 접한 좌도와 우도에 수군(해군)을 두어 왜구의 침입을 막았죠. 하지만 충청도의 경우, 충청좌도는 내륙 지역이라 수군이 없었고, 서해안과 접한 충청우도만이 충청수영을 두고 해안을 지켰습니다. 이처럼 충청도는 옛날부터 내륙과 해안이라는 기능적인 좌우 분할이 뚜렷했습니다.

3. 행정의 편리함을 위한 '남북 통일' 원칙

좌우로 나누는 것이 군사적·행정적으로 편리했던 조선 시대를 지나, 1896년 우리나라가 근대화되면서 전국의 행정 구역을 크게 바꾸게 됩니다. 이때 전국의 도를 13개로 통합하며 아주 중요한 원칙을 세웠습니다. 바로 전국 모든 도의 명칭과 관리 방식을 통일하자는 것이었습니다. 당시 경상도, 전라도 등 대부분의

도는 남쪽과 북쪽으로 나누는 것이 지리적, 행정적으로 가장 효율적이었습니다. 충청도는 좌우로 나뉘어 있었지만, 나라 전체를 관리하는 행정의 통일성과 효율성을 위해 명칭만 '남도'와 '북도'로 바꾸게 되었습니다.

결론적으로, 충청남도와 충청북도는 옛 왕의 시선에서 나눈 좌우 경계선을 거의 그대로 유지하되, 전국 행정의 일관성을 위해 명칭만 남북으로 바꾼 결과라고 할 수 있습니다. 땅 이름 속에는 이렇게 깊고 재미있는 역사와 행정의 비밀이 숨겨져 있답니다.

제 2 장

국토의 자연환경

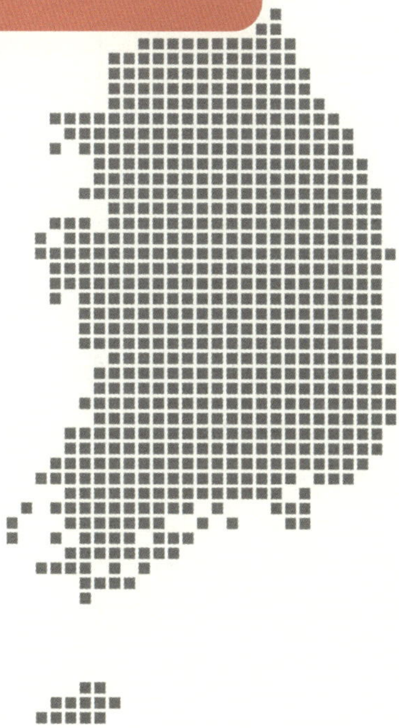

많은 산지, 다양한 산지는 왜 소중할까요?

우리 국토의 약 70% 정도는 산지로 이루어져 있습니다. 산지가 풍부한 국토는 오늘날과 같은 기후 변화 시대에 더욱 큰 가치를 지닙니다. 산지는 물을 저장하고, 깨끗한 공기를 제공하며, 다양한 생물의 서식지이자 사람들이 자연과 만날 수 있는 공간으로서 중요한 역할을 합니다. 이처럼 산지는 인간과 자연이 함께 어울려 살아갈 수 있게 도와주고, 지속 가능한 미래를 위한 든든한 환경이 되어 줍니다. 그래서 산지가 많은 우리 국토는 우리가 자연과 공존하면서 건강하게 살아갈 수 있는 소중한 환경을 가지고 있답니다.

우리 국토에는 다양한 산지 지형이 분포하고 있으며, 이는 한반도 지형의 골격을 이루고 있습니다. 함경산맥, 낭림산맥, 태백산맥, 소백산맥 등 여러 산맥들이 형성되어 있고, 산맥을 따라 높고 낮은 산들이 형성되어 있습니다.

태백산맥, 소백산맥, 차령산맥, 노령산맥 등의 큰 산맥들이 있습니다. 그리고 설악산, 지리산, 한라산, 속리산, 태백산, 소백산, 무등산 등의 유명한 산들이 있지요. 이 산들은 국립공원 또는 도립공원으로 지정되어 자연을 잘 지키고 사람들이 깨끗한 자연 속에서 다양한 생태를 체험할 수 있도록 하고 있어요. 그래서 우리는 산을 오르며 아름다운 경치를 보고, 숲과 동물을 가까이서 만날 수 있습니다.

백두산
북포태산
관모봉
두만강
칠보산
마천령산맥
함경산맥
북수백산
압록강
낭림산맥
강남산맥
적유령산맥
묘향산맥
낭림산
묘향산
동한만
서한만
대동강
언진산맥
언진산
마식령산맥
멸악산맥
구월산
금강산
광주산맥
태백산맥
설악산
오대산
동해
울릉도
독도
임진강
북한강
남한강
경기만
태백산
소백산맥
소백산
황해
차령산맥
속리산
주왕산
계룡산
금강
낙동강
덕유산
노령산맥
지리산
섬진강
남강
무등산
영산강
남해
한라산
이어도 종합 해양 과학 기지
0
100㎞

▲ 우리나라의 산맥과 하천

이러한 산지들은 단지 경관 요소를 넘어, 생태계 보전과 자연과의 조화로운 삶을 위한 소중한 자산입니다.

우리나라 산은 크게 돌산과 흙산으로 나누어 살펴볼 수 있습니다. 돌산은 돌이나 바위가 많은 산으로 봉우리가 돌과 바위로 되어 있는 것이 특징입니다.

설악산, 치악산, 월출산 등과 같이 암석들이 만들어 낸 기이한 경관과 아름다운 풍경은 많은 사람들에게 경이로운 즐거움을 체험하게 합니다.

흙산은 대체로 산 전체가 흙으로 이루어진 산입니다. 흙산이라고 하여 흙으로만 이루어진 것은 아닙니다. 우리나라의 대표적인 흙산인 지리산과 소백산을 살펴보면 대체로 산의 경사가 완만하고, 계절에 따라 자라는 식생도 다양하며, 물도 잘 마르지 않는 특징이 있습니다.

▲ 설악산(상), 지리산(중), 소백산(하)

서울에서 강릉을 갈 때 이용하는 영동고속도로의 오르막 끝에 대관령 고개가 있습니다. 대관령 주변은 해발 고도 700m 이상의 높은 산지이지

▲ 강릉 고위평탄면(자료 : 국토지리정보원 대한민국 국가지도집)

만 평탄한 지형을 볼 수 있습니다. 지도에서 보더라도 등고선의 간격이 넓어지는 것을 볼 수 있습니다. 넓은 평원이 나타나기 때문입니다. 고도가 높고 넓은 평원이 있어서 독특한 산지 경관을 보여줍니다. 사람들은 여름철 피서지로 이용하기도 하고, 배추, 무, 약초 등의 고랭지 채소를 재배하여 여름철 음식 문화를 만들기도 합니다. 이렇게 산지는 자연을 지키고, 우리의 생활에 여러 가지 도움을 주며, 즐거운 쉼터의 역할도 합니다. 그래서 산은 우리와 함께 있어야 할 자연이며 앞으로 소중히 지켜야 할 보물같은 존재라고 할 수 있습니다.

더 알아보기

무등산 국립공원

▲ 무등산의 정상, 서석대(좌), 무등산 정상 주변의 주상절리(우)

무등산은 해발고도 1,187m의 높은 산입니다. 무등산에는 '주상절리'라고 하는 돌기둥들이 많습니다. 이 돌기둥은 무등산의 과거 화산 활동 흔적을 보여 주기도 하지만 독특한 아름다움을 뽐어냅니다. 무등산에는 온대성 및 난대성 식물이 생태계를 이루고 있고 하늘다람쥐, 오색딱따구리, 너구리 등의 야생 생물이 서식하고 있는 다양한 생물의 서식지입니다. 그래서 2013년에는 우리나라의 21번째 국립공원으로 지정을 받았고 2018년에는 세계지질공원으로 인증받았습니다. 세계지질공원으로 인증받은 사실에서 보듯이 무등산은 과거의 환경 역사를 담고 있는 역사적인 가치도 지니고 있답니다.

무등산은 사람들에게 먹을 물을 공급해 줄 뿐 아니라 농업에 필요한 물을 제공해 주어서 농사를 지을 수 있게 합니다. 그리고 사람들이 무등산의 생태환경 안에서 건강한 삶을 살아갈 수 있게도 합니다. 특히 여름이 되면 산자락 곳곳에서는 무등산수박이 주렁주렁 열리는데요, 이 수박은 일반 수박보다 크고 단단하며, 그 달콤함과 아삭함은 그 무엇과도 견줄 수 없을 만큼 뛰어납니다.

◀ 무등산수박

무등산수박은 깨끗한 공기와 맑은 물, 그리고 하루의 일교차가 큰 무등산의 특별한 환경에서 자라나 풍부한 당도와 탄탄한 식감을 지니고 있답니다. 예부터 지역 주민들 사이에서는 '여름 입맛을 돋우는 특별한 음식'으로 여겨졌으며, 지금도 지역의 대표적인 특산물입니다.

특히 무등산 수박은 무등산의 자연경관과 지역의 전통, 문화 그리고 지속가능성을 지닌 지역의 농산물이랍니다.

여러분이 살고 있는 지역의 산을 만나 봅시다. 거기에는 무엇이 있을까요?

산지가 만들어 낸 강줄기를 따라가 볼까요?

강은 땅과 사람, 그리고 모든 생명체와 함께 살아가고 있습니다. 우리나라의 큰 강은 높은 산지의 계곡에서 발원하여 발달하였습니다. 한강, 금강, 영산강, 섬진강, 낙동강 등은 태백산맥, 소백산맥, 노령산맥 등에서 발원하여 형성된 강줄기입니다.

▲ 산에서 발원하는 강줄기(검룡소)

▼ 전남 나주 영산강

강은 많은 생명체의 서식지 역할을 합니다. 생물에게 보금자리를 만들어 주는 것이지요. 산에서 흘러내린 물은 주변의 작은 하천들과 합쳐지며 점점 더 큰 물줄기를 이룹니다. 이렇게 형성된 계곡의 물은 흐르면서 땅을 깎아 지형을 변화시키고, 흙과 모래를 운반해 새로운 퇴적지를 만들어 냅니다. 오랜 시간 강이 만들어 낸 이러한 땅은 비옥한 경작지가 되어 벼농사를 비롯한 다양한 작물 재배에 적합한 환경을 제공합니다. 또한 산지 계곡과 강줄기가 어우러져 만들어내는 자연 풍경은 매우 아름다워, 우리는 그 아름다움을 즐기기 위해 강 주변을 걷기도 합니다.

강줄기를 따라서 강과 주변의 아름다운 풍경을 사진, 그림 등으로 표현해 봅시다. 그리고 무엇이 있는지 살펴봅시다.

▼ 영산강 둔치

더 알아보기

영산강

▲ 영산강의 발원지 용소

전라남도 담양 가마골에 자리한 용소는 계곡물이 흐르는 암반층 한 쪽에 용이 꿈틀대는 형상의 홈이 있는데, 그래서 이곳을 '용의 연못', 곧 용소(龍沼)라고 부릅니다. 영산강은 이 용소에서 발원하여 목포 삼호읍 인근에서 황해와 만납니다. 총 길이 약 138km로 약 497.5km의 한강, 510km의 낙동강에 비해 길지는 않지만 다양한 수생 생물과 조류의 서식지 역할을 합니다. 이뿐만 아니라 주변 농경지에 용수를 공급하고 바다와 만나는 하구에서는 김, 굴 등의 양식업 발달에도 도움을 주고 있습니다. 생태적 가치, 경제적 가치, 영산강 주변에서 살아가는 사람들에게 영산강의 문화를 형성하게 만드는 문화적 가치 등 여러 가지 중요한 역할을 하고 있습니다.

동해, 황해, 남해의 삼색 생태환경을 비교해볼까요?

우리나라 영해에는 동해, 황해, 남해가 있습니다. 동해, 황해, 남해의 생태환경이 만들어내는 풍경은 위치만큼이나 다양합니다. 삼해 삼색의 자연은 위치에 따라 다양한 생태적 모습을 드러내고 있습니다. 동해는 수심이 깊고 해류(바다에서 발생한 큰 바닷물의 흐름)의 영향으로 난류(따뜻한 바닷물)성 어종과 한류(차가운 바닷물)성 어종이 함께 나타나는 다양한 생물의 서식지입니다. 동해에는 특히 플랑크톤이 풍부하여 해양 생물의 먹이 사슬이 활발하고, 깊은 바닷속에는 동해에만 서식하는 고유의 해

▼ 전남 신안군 박지도 갯벌

양 생물들이 살아 독특한 생태계를 이루고 있습니다. 이러한 생태적 가치를 보호하기 위해 울릉도와 독도 주변 해역은 해양 보호 구역으로 지정하여 생물 다양성 보존을 위한 노력을 이어가고 있습니다.

동해안은 고운 모래로 된 해변이 잘 발달되어 있습니다. 넓은 바다와 끝없이 이어진 모래 해변은 동해안 만의 특별한 풍경이에요. 또, 삼척에서 속초까지 연결된 동해고속도로를 이용하면 바다와 산이 함께 어우러진 멋진 풍경들을 다채롭게 감상할 수 있어서 많은 사람들에게 사랑받는 여행길이 된답니다.

황해와 남해는 동해에 비해 수심이 얕고 조수간만의 차가 커서 갯벌이 넓게 발달해 있어요. 우리나라의 갯벌은 지구상에서 보기 드문 흔하지 않은 자연환경 중 하나입니다. 2021년에는 황해안과 남해안의 서천갯벌, 고창갯벌, 신안갯벌, 보성-순천 갯벌이 유네스코의 세계 자연유산에 등재되어 가치를 인정받았어요. 어떻게 갯벌이 세계자연유산으로 인정받을 수 있었을까요?

세계유산으로 지정된 우리나라의 갯벌들은 모두 '국제적으로 중요한 철새들의 중간 기착지'라고 합니다. '기착지'는 목적지로 가는 도중에 잠시 쉬어가는 곳이라는 뜻입니다. 우리나라의 갯벌은 수많은

유네스코 세계유산 한국의 갯벌 ▶

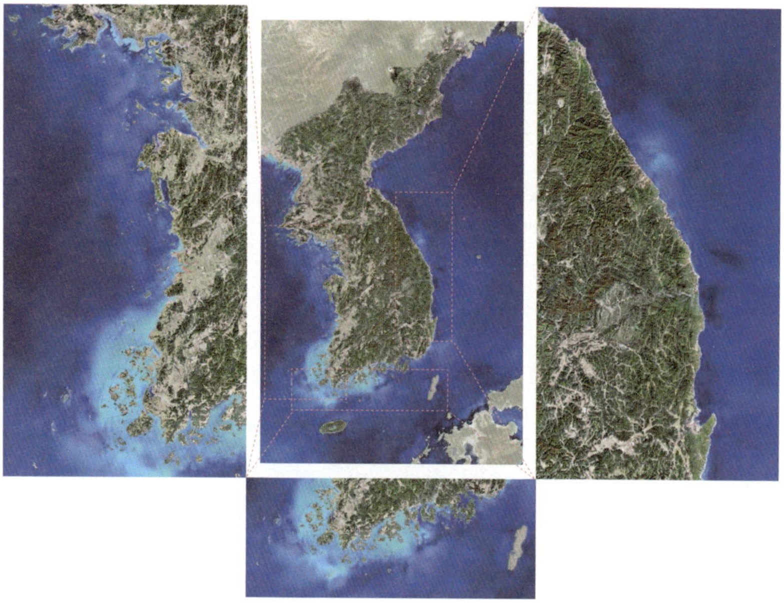

▲ 우리나라 해안의 모습(자료 : 국토지리정보원 대한민국 국가지도집)

철새들이 지친 날개를 쉬고 에너지를 보충한 뒤 다시 목적지를 향해 날아갈 수 있도록 돕는 소중한 곳입니다. 멸종위기종 철새의 보호를 위해 갯벌은 아주 중요한 역할을 하고 있는 것입니다.

갯벌은 각종 오염물질을 정화하는 자연의 정화조로 소중한 생태 공간입니다. 겉보기에 진흙과 검은빛으로 다소 지저분하게 보일 수 있지만, 이는 단지 외형적인 인상일 뿐입니다. 실제로 갯벌은 다양한 생물들이 살아가는 생명의 터전으로, 생명 활동에 적합한 환경을 지니고 있습니다. 이는 갯벌 속에 서식하는 수많은 미생물들이 하천에서 유입된 각종 오염물질을 분해하고 정화한 결과입니다. 갯벌 안에서는 조개, 게, 갯지렁이 등 수많은 생명체들이 끊임없이 움직이며 살아가고 있어, 지금 이 순간에도 갯벌은 분주하고 역동적인 생명의 현장이라 할 수 있습니다.

최근에는 갯벌의 가치가 훨씬 더 커지고 있습니다. 갯벌의 '블루카본(Blue Carbon)'이라는 말은 갯벌의 습지가 대기 중의 이산화탄소를 흡수하여 지구 온난화를 유발하는 대기의 이산화탄소를 감소시키는 데 이바지한다는 것입니다. 갯벌은 탄소 저장, 온실가스 감소의 핵심적 역할을 하면서 오늘날의 기후 변화 대응을 위해 보존적 가치가 더 커졌다고 할 수 있습니다. 또한, 해양 생태계의 보호, 수질을 깨끗하게 하는 일, 해안가에서 발생할 수 있는 자연재해 완화에도 큰 도움이 됩니다.

황해안과 남해안은 동해안에 비해 해안선이 훨씬 더 복잡한 형태를 띠고 있습니다. 이러한 복잡한 해안선을 우리는 '리아스식 해안'이라고 부릅니다. 리아스식 해안은 만과 곶이 많아 해안선의 드나듦이 많은 것이 특징입니다. 이처럼 만과 곶이 발달하고 수심이 얕으며, 넓은 갯벌이 형성된 지역은 어업 활동에 매우 유리한 환경을 제공합니다. 그래서 이곳에는 어항(고깃배가 정박하여 어업에 필요한 일을 할 수 있는 항구)이 잘 발달해 있고, 김, 미역, 전복, 꼬막 등 다양한 해양 생물의 다양한 해산물을 기르는 양식업도 활발하게 이루어지고 있답니다. 또한 남해의 다도해해상국립공원은 수많은 섬과 복잡한 해안선이 어우러져 아름답고 다채로운 바다 풍경을 만들어 냅니다. 이렇게 남해와 황해는 다양한 생물의 서식지로서, 바다를 활용하여 다양한 삶을 살아가는 사람들의 삶의 터전으로서 그리고 멋진 자연 경관이 있는 특별한 곳이랍니다.

동해안, 황해안, 남해안의 생태환경의 모습을 더 찾아봅시다.

더 알아보기

과거에는 갯벌을 간척지로 만들어서 농경지, 산업단지, 도로, 주거단지로 사용했습니다. 그런데 이제는 다시 갯벌로 복원의 필요성과 노력이 생기고 있습니다. 아래의 기사를 참고하여 '갯벌 지킴이'에 대한 여러분의 생각을 말해 봅시다.

전남 '갯벌 지킴이 1조 프로젝트' 뜬다

2025년부터 5년간 29개 사업
'인간과 자연의 상생' 강조
간척지 갯벌로 되살리고
환경보호·관광 활성화 기대

유네스코 세계자연유산에 등재된 전남 갯벌을 후세에 물려주고 생태관광을 활성화하기 위한 종합계획이 추진된다. 총사업비만 9000억원 규모로 갯벌을 터전으로 살아가는 어민들과 생태계 복원이 공존하는 지속성 마련이 종합계획의 핵심이다.

전남도는 31일 "전남 갯벌의 지속 가능한 이용 및 효율적 보전·관리를 위해 2025년부터 2029년까지 4개 분야 29개 사업에 총사업비 9228억원 투입을 골자로 한 '전남도 갯벌 보전·관리 종합계획'을 수립했다"고 밝혔다.

전남 갯벌은 우리나라 서남해안을 대표하는 갯벌로 연간 300여 종 100만 마리가 넘는 철새 이동로이자 고둥, 게, 조개류 등 대형저서동물 2150여 종이 서식하는 생태의 보고로 평가받는다. 지난해에는 신안에 해양수산부의 갯벌 세계자연유산 보전원이 유치됨에 따라 전남 갯벌을 보전·관리하기 위한 종합계획의 필요성이 제기돼 왔다. 종합계획 4개 분야는 △갯벌 보전·관리 체계 구축 △갯벌 생태계 복원 사업 체계 구축 △갯벌 생태관광 활성화 △갯벌 우수성 확보와 협력 체계 구축 등으로 구성됐다.

출처 : 매일경제, https://www.mk.co.kr/news/society/10862927

세계 자연유산이 된 우리나라의 화산지형에는 어떤 가치가 담겨져 있을까요?

우리 국토에는 아주 특별한 지형으로 화산지형이 있습니다. 독도, 울릉도, 제주도, 백두산 등은 화산 활동으로 형성된 곳입니다. 울릉도에는 성인봉과 나리분지, 제주도에는 한라산과 백록담, 성산일출봉, 용암동굴, 오름 등의 특별한 지형들이 만들어졌습니다. 철원의 용암대지와 한탄강 주변의 주상절리, 무등산 꼭대기에 형성된 주상절리, 제주도 바닷가에서 볼 수 있는 주상절리 등도 모두 화산 활동으로 만들어진 화산지형입니다. 우리나라의 화산지형은 그 형성 과정이 독특하여 지형적 특성뿐만 아니라, 생태적 가치와 수려한 자연 경관을 지닌 매우 특별한 환경으로 여겨지고 있습니다.

◀ 제주도의 화산 지형

한라산은 제주도에서 가장 높은 산으로, 주로 현무암으로 이루어져 있어요. 봄에는 철쭉, 가을에는 단풍, 겨울에는 설경으로 사계절 내내 아름다운 경관을 자랑합니다. 바다에 우뚝 솟아 있는 성산일출봉은 높이 약 182m의 화산체로 정상에는 넓은 분화구가 자리하고 있어요. 일출을 감상하기에 좋은 명소로도 알려져 있습니다. 또한, 제주의 거문오름은 화산 활동의 흔적이 잘 남아 있는 곳으로 용암동굴과 협곡, 숲 생태계가 어우러져 독특한 풍경을 보여 줍니다. 특히 '곶자왈'이라고 불리는 숲은 다양한 동식물이 살아가는 생태계의 보고로서 큰 가치를 지니고 있답니다.

▲ 우리나라의 화산 지형

제주도의 화산지형은 2007년에 세계 자연유산으로 가치를 인정받았습니다. 거문오름용암동굴계에서 가장 규모가 큰 용암동굴인 만장굴은 동굴의 길이와 규모가 세계적인 수준이라고 합니다. 암석들이 만들어 낸 독특한 모습의 화산지형 중 '한라산 천연보호구역', '성산일출봉', '거문오름 용암동굴계' 등 핵심 지역을 중심으로 유네스코 세계자연유산으로 등재되어 있어요. 아름다운 제주도는 전 세계인이 함께 보고 보전하여 후손에게 물려주어야 하는 곳이 되었습니다.

동해에 위치한 울릉도와 독도 또한 화산 활동으로 빚어진 섬들입니다.

울릉도의 최고봉인 성인봉은 울릉도 형성의 중심적 지형으로 빼어난 자연경관을 자랑하며, 화산 활동으로 형성된 나리분지는 독특한 지형과 함께 풍요로운 생태계를 품고 있습니다. 독도는 동해 첫 섬으로서의 상징적인 의미를 넘어, 해저 화산 폭발로 생성된 희귀한 화산섬으로서 지질학적 가치가 매우 높습니다.

내륙에서도 화산지형을 찾아볼 수 있습니다. 철원의 용암대지는 과거 용암이 넓게 퍼져 형성된 것이며, 그 주변을 흐르는 한탄강에는 용암이 식으면서 만들어진 주상절리 절벽이 장관을 이룹니다. 전라남도 광주의 무등산 정상에서도 육각기둥 형태의 수직으로 솟아오른 거대한 주상절리를 볼 수 있습니다. 제주 해안가의 주상절리대는 바다와 맞닿아 있어 아름다운 바다 풍경의 한 부분이 되어 있습니다. 이처럼 우리나라의 화산지형은 각 지역의 자연환경과 어우러져 독특한 풍경을 이루며, 과거의 지질학적 역사로서 가치뿐 아니라 사람들의 건강한 마음 만들기에 없어서는 안 될 소중한 환경이며 아름다운 자연 경관으로서의 가치도 매우 큽니다.

우리나라에 있는 화산지형들을 더 찾아봅시다. 그리고 화산지형의 아름다움을 감상하고 여러 가지 가치를 찾아봅시다.

더 알아보기

세계유산

세계유산은 인류가 만들어 놓은 문화, 자연스럽게 만들어진 자연환경 그 자체를 대상으로 합니다. 세계유산으로 지정한다는 것은 세계의 모든 인류가 만든 문화와 자연의 아름다움을 보전하려는 노력입니다. 국제기구 유네스코에서는 세계유산을 '선조로부터 물려받은 것으로, 현재 우리가 살고 있고 미래 세대에게 물려주어야 할 자산이며 자연유산과 문화유산 모두 다른 어떤 것으로도 대체할 수 없는 우리들의 삶과 영감의 원천'으로 말합니다.

세계유산은 한 국가, 한 지역, 한 민족을 넘어서서 세계유산에 담긴 아름다움과 평화, 인권, 정의, 자유, 평등 등의 가치 그리고 유산에 담겨진 사람들의 지혜를 전 세계인이 누리고 보전하여 미래 세대에게 전해줄 유산이라는 의미를 지니고 있습니다.

우리나라의 세계유산을 더 찾아보고 어떤 가치와 조상들의 지혜가 담겨 있는지 살펴봅시다.

우리나라의 온대 계절풍 기후는 어떤 기후일까요?

세계의 기후는 기온과 강수량의 특성을 중심으로 하여 열대 기후, 온대 기후, 냉대 기후, 한대 기후, 고산 기후, 건조 기후 등으로 구분됩니다. 우리 국토는 북위 33°~43°의 중위도에 있습니다. 태양의 고도(높이)가 높은 시기에는 태양 에너지를 더 많이 받기 때문에 더운 여름이 되고, 태양이 기울어져서 비칠 때는 태양으로부터 열을 더 적게 받아 더 낮은 기온의 겨울이 됩니다. 그사이에 봄과 가을이 있지요. 그래서 우리나라는 4계절의 변화가 뚜렷한 온대 기후 지역으로 불립니다.

▼ 세계의 기후 지역

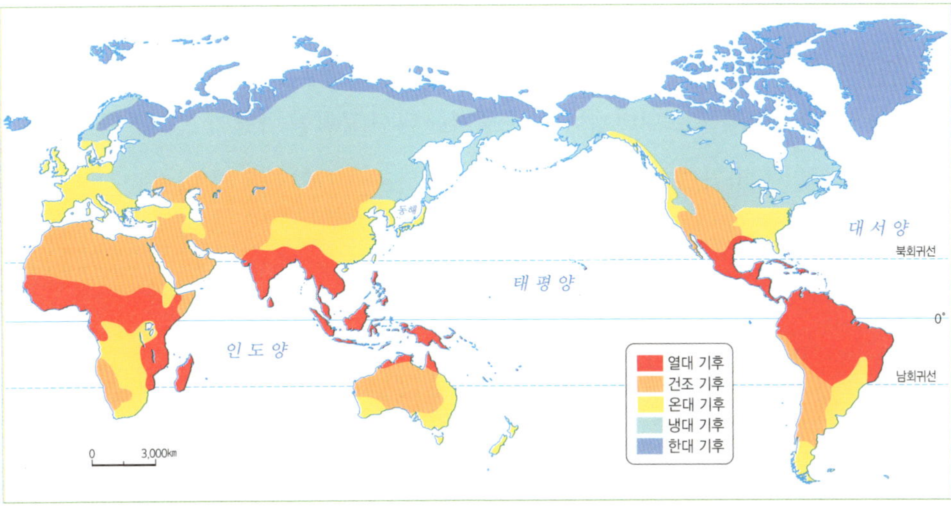

또한, 우리 국토는 유라시아(아시아와 유럽을 하나로 묶어 부르는 이름) 대륙의 동쪽 끝에 자리하고 있어서 대륙과 바다의 영향을 크게 받습니다. 겨울에는 대륙의 영향을 크게 받는 북서풍이 불어서 춥고 건조한 기후가 나타나지만, 여름에는 바다의 영향을 크게 받는 남서풍과 남동풍이 불어오면서 덥고 강수량이 많은 기후가 나타납니다. 이렇게 우리나라는 계절에 따라서 바람의 방향이 바뀌면서 기온과 강수량에 큰 변화가 있는 기후의 영향을 받고 있습니다. 우리나라는 온대 기후 지역 중에서도 여름과 겨울의 기온과 강수량 차이가 큰 온대 계절풍 기후 지역에 있습니다.

우리나라 기후는 지형의 영향도 많이 받습니다. 겨울에 대관령, 태백산, 덕유산, 소백산 등에서 열리는 눈꽃 축제에 가 본 적이 있나요? 왜 이곳에는 눈이 많이 내릴까요?

바람은 공기의 흐름으로 나타납니다. 수증기를 많이 포함한 바람이 산을 만나 산 사면을 따라 오르게 되면 바람에 포함된 수증기의 온도가 내려가면서 작은 물방울로 변해 구름을 형성하고, 구름은 비나 눈이 되어 내리게 됩니다. 겨울에는 한반도 북서쪽에서 불어오는 추운 바람의 영향을 받습니다. '북서 계절풍'이라고 부르는 이 바람이 한반도의 겨울 기후를 결정지을 때가 많습니다. 이 바람의 영향으로 태백산맥, 특히 대관령 일대와 태백산 일대, 소백산맥 서쪽의 덕유산 일대, 제주도 한라산, 울릉

❶ 덕유산 겨울 풍경 ❷ 한라산 겨울 풍경
❸ 울릉도의 우데기와 내부 모습

도와 독도에는 눈이 많이 내립니다.

예전에 울릉도 사람들은 집 주위에 기둥을 세우고 억새나 수숫대 등을 엮어 울타리 모양의 외벽인 우데기를 설치해서 눈이 많이 오는 겨울에도 집안을 안전하게 지킬 수 있었답니다. 또한, 겨울에는 농사를 짓기 어렵기 때문에 농작물과 해산물을 미리 준비해서 저장해 두고 겨울 동안 먹을 수 있었답니

한국의 김장 문화 ▶

다. 이러한 겨울 기후 환경에 대비해서 살았던 조상들의 지혜는 '김장 문화'에서도 찾아볼 수 있습니다. 2013년에 유네스코에서는 한국의 김장 문화를 유네스코 '인류무형문화유산'으로 등재했습니다. 우리 조상들의 겨울철 식생활 유지의 지혜, 김장에서 보여 준 나눔과 공동체 정신, 김치의 건강한 음식 문화 등의 가치를 전 세계인과 공유할 수 있게 하였습니다.

겨울철 춥고 눈이 많이 내리는 환경에 적응하면서 살았던 조상들의 삶의 지혜가 만들어 낸 생활문화를 찾아봅시다.

왜 부산에는 눈이 자주 내리지 않을까요?

예 기상청 자료에 따르면 부산의 30년(1991~2020년) 연평균 눈이 내리는 날인 눈일수는 4.1일이라고 합니다. 최근 10년은 2.9일, 최근 5년은 2.2일에 불과합니다. 부산처럼 바닷가 도시이면서 위도가 비슷한 전라남도 목포시는 어떨까요? 목포의 30년 연평균 눈일수는 26.1일입니다. (참고로 서울의 눈일수는 30년 연평균 23.9일, 제주시도 30년 평균 눈일수 18.1일)

조상들은 자연재해 대비를 어떻게 했을까요?

자연재해는 자연적인 원인으로 발생하며, 인간의 생명과 재산, 문화, 그리고 주변 환경에 심각한 피해를 줄 수 있습니다. 홍수, 태풍, 지진, 해일, 폭설, 무더위 등의 다양한 자연재해는 집과 도로, 농작물, 사람들의 안전과 건강 등 여러 가지 문제를 가져올 수 있어요.

봄에는 날씨가 건조하고, 바람을 타고 먼지와 흙이 날아오는 황사가 나타나 건강과 생활에 영향을 줄 수 있어요. 여름에는 무더위, 태풍, 홍수가 찾아와 사람들의 집과 농작물에 피해를 주기도 합니다. 가을에는 비교적

▼ 바람이 많은 제주도의 돌담

◀ 화순 동복 연둔리 숲정이. 이 숲정이는 동복천변 둔동마을 앞에 남북으로 길게 형성된 숲으로 이뤄진 강둑이며, 동복천의 범람으로 마을을 보호하기 위해 조성하였다.

자연재해가 적지만, 때때로 강한 비바람이 불기도 해요. 겨울에는 폭설과 혹독한 한파로 인해 길이 막히거나 생활이 어려워질 수 있답니다. 이와 더불어, 지진이나 화산 활동과 같이 계절과 관계없이 발생하는 자연재해도 있습니다. 특히 최근에는 기후 변화의 영향으로 극심한 기온 변화, 미세먼지, 집중 호우 등과 같은 재해가 연중 발생하고 있어 그 문제의 심각성이 더욱 커지고 있습니다.

이러한 여러 자연재해에 효과적으로 대응하기 위해서는 평소에 재난 예방과 안전한 생활 방법을 배우는 것이 중요합니다. 계절에 따른 자연의 특징을 이해하고, 변화하는 기후에 능동적으로 대처하는 지혜가 필요한 시대입니다.

과거 우리 조상들은 자연재해에 대비하고 극복하기 위해 다양한 지혜를 활용하였습니다. 특히 자연환경을 잘 이해하여 자연재해 발생의 원인과 특성, 기능성을 파악하고 건축 기술, 농업 방식, 생활문화 등을 만들었습니다. 돌담을 활용하여 강한 바람에 대비했고, 우데기를 만들어서 눈이 오더라도 실내에서 생활이 가능할 수 있도록 하였습니다. 계절에 따라 추위와 폭염에 강한 작물 재배, 장마와 홍수에 대비하는 관개수로를 만들어서 농작물을 경작했습니다. 그리고 숲과 나무를 자연재해에 대비하기 위한 중요한 보호재로 여겼습니다. 그래서 산지에서는 산림보호, 강가에서는 나무숲 조성 등으로 홍수, 가뭄 등의 자연재해에 대비해 왔습니다.

기후 변화로 인해 폭염, 집중호우, 가뭄, 태풍 등의 발생 가능성이 커지고 있어서 이에 대비하는 노력이 더 중요해지고 있습니다.

우리 지역에는 어떤 자연재해가 발생하고 있을까요? 그리고 어떻게 예방해야 할까요? 선조들의 지혜를 찾아서 자연재해 예방 방법을 탐구해 봅시다.

더 알아보기

가뭄에 대비했던 우리 조상들의 지혜, 저수지와 수로

김제 벽골제

◀ 김제 벽골제(자료 : 국가유산청)

전라북도 김제시에는 벽골제라는 저수지가 있습니다. 삼국 시대 때 만들었던 것으로 추정하고 있으며, 가뭄에 대비해서 비가 올 때 미리 빗물을 저장해 두었다가 농사에 사용하기 위해 만들었다고 합니다. 전라북도 김제에는 만경강과 동진강을 중심으로 주변에 넓게 김제평야가 발달해 있습니다. 넓은 평야에서 벼농사를 짓기 위해서는 많은 물이 필요했고, 물을 저장해 놓고 필요할 때 사용하기 위해 저수지를 만들었던 것입니다. 물을 잘 관리하기 위한 조상의 지혜라고 할 수 있습니다. 더불어서 필요한 저수지를 만드는 데 사용된 토목, 측량, 석공 기술의 수준을 가늠해 볼 수 있는 유적이랍니다.

강진 연방죽 생태순환 수로 농업시스템

▲ 강진 연방죽 생태순환 수로 농업시스템
(자료 : 강진군, 강진신문. 2021년 6월 7일 자)

강진군 병영면에는 병영천을 따라서 여러 개의 연방죽이 있고, 연방죽을 연결하는 수로가 발달하여 있습니다. 물이 귀했던 병영에서는 수인산에서 흘러 내려오는 물을 잘 관리하기 위해서 수로를 만들고 수로를 따라서 연방죽들을 만들었답니다. 수로의 물은 마을 사람들의 생활용수로도 사용되고 연방죽에 저장되어 농업용수로 사용되었다고 해요. 벼농사를 주로 짓던 조상들은 필요한 물을 저장해 두었다가 필요할 때 사용할 수 있는 농경 시설을 조성했던 것이지요. 2021년 6월에는 병영군 사람들이 만들어 낸 이러한 농경시설이 충분히 보전될 만한 가치가 있다고 인정받아서 연방죽 5곳과 3.4킬로미터의 수로가 국가중요농업유산으로 지정되었습니다.

제 3 장

국토의 인문환경

사람들은 어디에서 살까요?

사람들은 주로 어디에서 살까요? 사람들은 살기 좋은 곳을 찾고 그곳을 거주지로 정하여 살아가는 경우가 많습니다. 지도상의 인구 분포를 보면, 인구가 지구상에 고르게 분포하지 않고 특정 지역에 많이 모여 있는 것을 확인할 수 있습니다. 이는 사람들이 오래전부터 자연환경과 생활 조건에 적합한 곳을 찾아 정착하며 살아왔기 때문입니다.

조선 후기의 실학자 이중환 선생님은 그의 저서 《택리지》에서 사람들이 살기에 좋은 터전을 고를 때 고려하는 네 가지 조건을 제시했습니다.

▼ 세계의 인구 분포

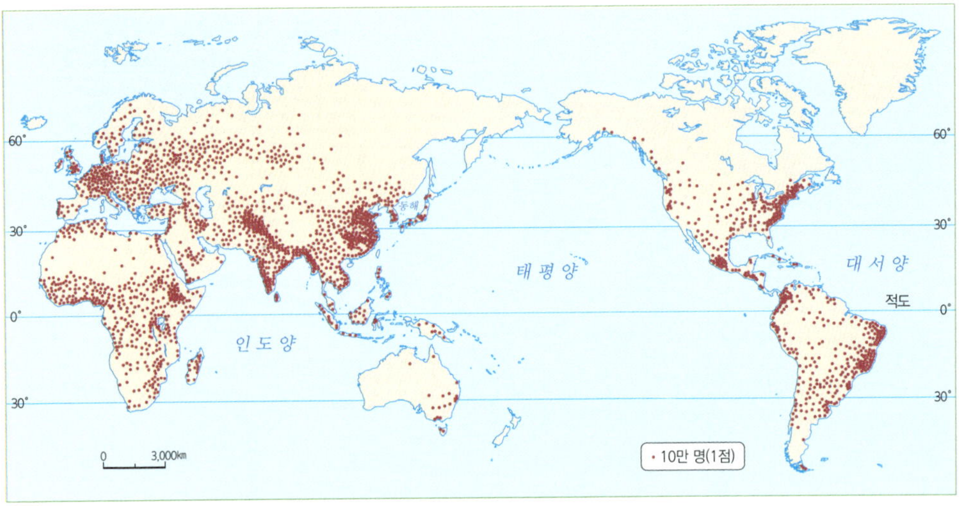

그중 첫째는 지리(地理), 즉 지형과 위치가 좋은 곳입니다. 예로부터 사람들은 자연과 조화를 이루며 살아갈 수 있는 터전을 선택해 살아왔습니다. 지리적으로 좋은 곳은 자연재해가 없거나 적고, 자연환경 안에서 자연으로부터 혜택을 받으며 살 수 있는 곳입니다. 과거에는 특별히 겨울에 북서계절풍이 가져오는 추위를 피할 수 있는 곳, 늘 부족함 없이 물을 사용할 수 있는 곳을 살기 좋은 곳으로 생각했습니다. 이런 곳을 '배산임수' 지역이라고 했습니다. 둘째, 생리(生利, 생산활동을 통해 이익을 얻음)가 좋은 곳입니다. 이곳은 경제 활동이 가능한 곳을 의미합니다. 과거에는 주로 농경을 할 수 있는 곳을 의미했지요. 그래서 넓은 경작지와 물을 얻을 수 있는 곳이 주로 생리가 좋은 곳이었지요. 오늘날에는 자신의 적성과 기술을 활용하여 경제 활동을 할 수 있는 곳이겠지요. 셋째, 인심(人心)이 좋은 곳입니다. 이웃 간 정, 마을 공동체가 형성되어 있어서 마음 편히 살아갈 수 있는 곳입니다. 넷째, 산수(山水)가 좋은 곳입니다. 산수가 좋은 곳은 주변의 산과 물이 있어서 생활에 도움을 얻을 수 있을 뿐 아니라 보기에도 좋은 풍경이 있는 곳을 의미합니다. 산이 너무 높지 않고 완만하며, 물이 맑고 풍부한 곳이 이상적인 거주지로 여겨졌습니다. 이런 자연환경은 사람들의 마음을 안정시키고 감정을 풍요롭게 하며, 생활에 필요한 물과 자원을 제공해 줍니다.

사람들의 거주지 선정에 영향을 주는 것은 지형, 기후 등의 자연적 요인뿐만 아니라 사회, 문화, 역사, 산업 등도 있습니다. 지형, 기후와 같은 자연적 요인은 여전히 중요한 기준입니다. 예를 들어, 평야 지역은 많은 사람들이 모여 살면서 농사를 짓기에 적합하며, 온화한 기후는 극심한 기후 변화를 겪지 않고 건강 관리에도 유리하며 야외 활동과 문화, 여가 활동에도 좋은 환경을 제공해 줍니다. 교통의 편리성, 교육과 의료 시설의 접근성, 일자리, 문화적 환경, 안전한 생활과 같은 사회적 환경은 생활을 편리하게 해 줍니다. 평생 학습의 기회도 얻을 수 있고, 언제든지 필요한 진료와 치료를 받을 수 있어서 건강 관리에도 도움을 얻을 수 있습니다.

최근에는 건강한 삶과 자연과의 조화로운 삶을 중시하는 사람들이 많아지면서 생태환경이 잘 갖추어진 지역, 즉 산과 강, 숲이 있는 자연친화적인 공간이 선호되고 있습니다. 특히 맑은 공기, 깨끗한 물, 풍부한 녹지와 숲 등은 건강하고 여유로운 삶을 가능하게 하는 요소로 주목받고 있습니다.

이처럼 오늘날 사람들의 거주지 선택은 자연적 요인과 사회적 요인이 복합적으로 작용하며, 생태적 가치와 삶의 질을 높일 수 있는 환경이 중요한 기준이 되고 있습니다. 이러한 사람들의 생각과 거주지에 대한 의사결정은 앞으로 더 살기 좋은 곳이 어떤 곳인지를 더 깊이 생각하게 합니다.

인구 조사는 왜 할까요?

인구는 국가 또는 지역 등 일정한 지역에 살고 있는 사람의 수를 말합니다. 예를 들어, 세종특별자치시의 인구는 이 지역에 거주하는 사람의 수이고, 세계 인구는 지구에 살고 있는 사람의 수를 말합니다. 국가, 지역에 따라 인구 수는 다릅니다. 그리고 국가와 지역에 살고 있는 사람들도 다양합니다. 인구는 사회의 주요 구성원으로 사회를 이루고 사회의 변화를 이끄는 데 영향을 줍니다. 그래서 사회의 특성과 사회 변화를 파악하고자 할 때, 우리는 인구수, 인구 구성, 인구 분포, 인구 변화 등 인구 특성을 살펴봅니다. 세계의 대부분 국가에서는 총인구 조사를 시행하고 있습니다. 그만큼 인구 조사는 국가 내 지역별 사람들을 파악하여 지역과 국가의 정책 수립 및 발전 전략을 세우는 데 필요하기 때문이지요.

인구 조사는 특정 시점에 어느 지역에 얼마나 많은 사람이 살고 있는지, 그들의 성별, 연령대, 직업 등 기본적인 특성을 조사하는 중요한 과정입니다. 이 조사를 통해 사람들이 국토의 어디에 집중적으로 거주하고 있는지, 어떤 일을 하며 살아가는지 등을 구체적으로 파악할 수 있습니다. 인구 조사 결과는 국가와 지역의 정책을 세우고, 도시 계획이나 복지, 교육, 교통, 일자리 등 다양한 분야의 발전 방향을 정하는 데 기초 자료로 활용됩니다. 요약하자면, 인구 조사는 사람들의 삶의 특성을 이해하고, 이를 바탕으로 국가 또는 지역을 보다 효율적이고 공정하게 관리하기 위한 출발점이 되는 매우 중요한 조사입니다.

우리나라에서는 이미 삼국 시대 이전부터 인구 조사를 시작했습니다. 삼국 시대, 고려 시대 그리고 조선 시대까지 '호구(戶口) 조사'라는 이름으로 실시했다고 해요. '호'(戶)는 주택, '구'(口)는 사람을 뜻합니다. 그래서 호구 조사는 집마다 다니면서 함께 사는 가족 구성원들을 조사하는 것이었어요. 그런데 세금을 내지 않거나 징병의 의무가 없는 여성이나 어린이, 노비 등은 조사 대상에서 제외되기도 했습니다. 이는 당시 호구 조사의 목적에 세금 부과, 징병 대상자 파악 등이 있었음을 말해 줍니다. 조선 초기인 1406년에 태종은 전국적인 호구 조사를 실시하여 국가의 중요한 자원인 인구를 정확히 파악하고자 했다고 해요.

▲ 제1회 총인구 조사 기념 우표(1949)

우리나라에서 시행된 근대적 인구 조사는 1925년, 일제강점기 조선총독부에 의해 처음 실시되었습니다. 그러나 이 인구 조사는 국민의 삶을 위한 정책 수립에 목적을 두었다기보다는 세금 징수와 노동력 동원 등 식민 지배를 수행하기 위한 목적으로 이루어졌습니다. 당시 조사에 따르면, 1925년 조선의 인구는 약 1,900만 명 정도였던 것으로 추정됩니다. 이후 1948년 12월 13일에 정부 수립 이후 최초로 대통령령으로 '제1회 총인구조사 시행령'이 공포되었고, 이듬해인 1949년에 대한민국 수립 이후 첫 총인구 조사가 있었습니다. 당시 남한 인구는 약 2018만 명으로 집계되었어요. 1955년 이후 연도의 끝자리가 0이나 5가 되는 해마다 통계청에서 인구주택총조사를 실시하고 있습니다. 1960년대 부터는 인구의 경제, 사회, 문화 등 제반 특성이 파악될 수 있도록 조사 내용 범위를 늘였으며 최근에는 저출생, 고령화, 주거의 질, 복지 관련 항목도 포함하여 실시하고 있습니다. 이렇게 인구조사는 시대에 따라서 조사 항목과 방법, 목적이 달랐습니다. 과거에는 주로 사람의 수를 조사하는 데 중점을 둔 반면 오늘날에는 연령, 성별, 직업, 교육 수준, 주거 형태 등 다양한 내용을 포함하여 조사하고 있습니다. 이를 통해 사람들의 삶을 더 나아지게 하는 데 중점을 두고 있다고 하겠습니다.

➲ 최근 우리나라의 심각한 사회문제로 인구감소 문제를 들 수 있습니다. 우리가 생활하고 있는 초등학교에서도 그 심각성을 볼 수 있습니다. 아래의 그래프를 보고 초등학생 수의 감소가 미래 우리 사회에 끼칠 영향은 어떤 것이 있을지 생각해 봅시다.

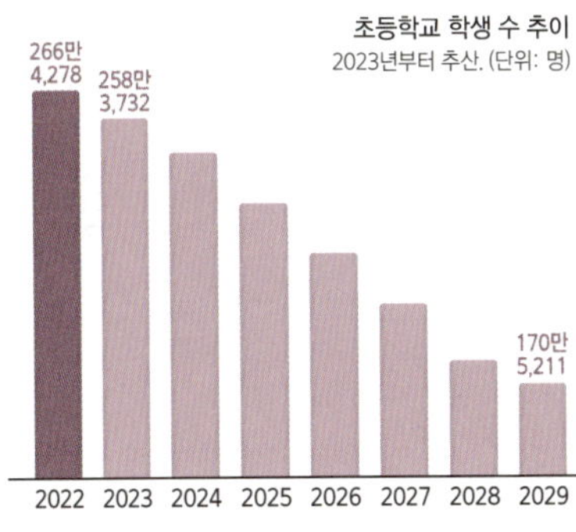

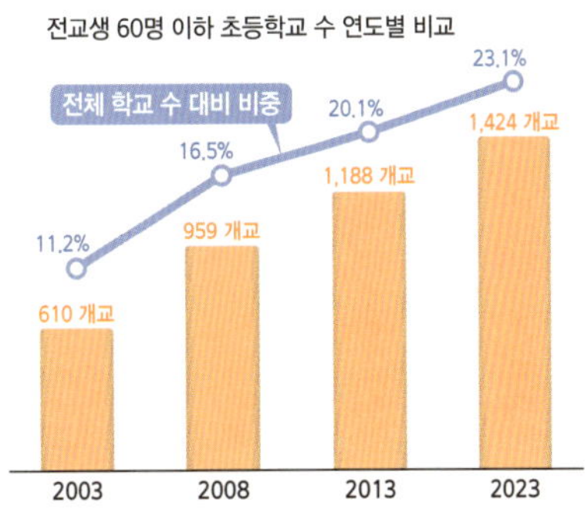

자료 : 한국교육개발원

➲ 우리 지역의 최근 인구 조사 결과를 활용하여 우리 지역 인구 구성의 특성을 파악해 봅시다.

우리나라 인구에는 어떤 변화가 있을까요?

1944년 광복 직전 남북한 총인구는 약 2500만 명으로 기록되어 있습니다. 이후 분단으로 인해 남한과 북한 인구가 따로 조사되었지요. 대한민국 정부 수립 이후인 1949년 5월 1일에 최초로 '총인구 조사'를 실시하였습니다. 당시 남한 인구는 약 2000만 명으로 기록되어 있습니다. 남한의 인구가 급증한 것은 광복 후 일제 강점기에 해외로 떠났던 많은 동포의 귀국과 북한에서 남한으로 내려온 사람들에서 원인을 찾을 수 있습니다.

▼ 남북한 인구 변화(자료 : 통계청)

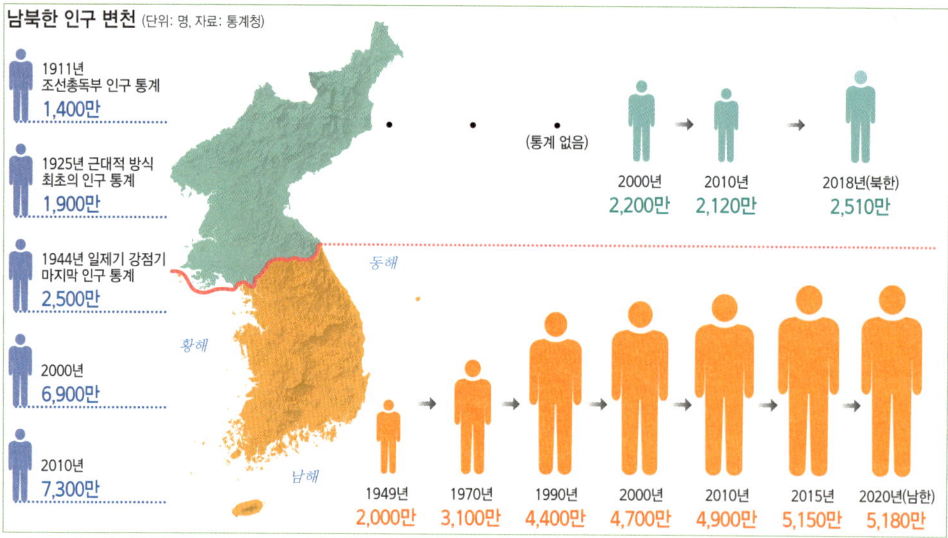

1953년 한국전쟁이 끝나고 사회적으로 안정되면서 1955년 무렵부터는 인구가 크게 늘어났습니다. 1960년대 2·3차 산업의 발달에 따른 급격한 사회 변화, 의학 기술의 발달 등으로 인하여 출생률이 증가하고 사망률이 감소하면서 인구가 폭발적으로 증가했어요. 1970년대와 1980년대에는 도시화, 2·3차 산업의 발달, 사회적 안정 등으로 인해 광복 당시 약 2000만 명의 인구가 두 배 이상 늘어서, 1990년에는 4400만 명을 기록했어요. 2000년대에 오면서 5000만 인구수를 기록하여 현재까지 유지되고 있습니다.

우리나라의 인구 변화는 산업의 발달, 사회 변화의 영향을 크게 받았습니다. 빠른 산업화로 인해서 급격한 도시화를 경험했으며 도시의 인구 증가, 촌락의 인구 감소 그리고 고령화 현상을 복합적으로 겪고 있습니다. 2000년에는 65세 이상 인구 7% 이상의 고령화 사회에 진입했으며 2017년에는 65세 이상 인구 14% 이상의 고령사회가 되었고, 지난 2024년에는 고령사회를 지나 초고령사회에 들어섰습니다. 주민 등록 인구 중 65세 이상 인구가 차지하는 비율이 처음으로 20%를 넘었습니다. 이에 따라 노동 인구 감소, 촌락의 인구 감소, 가족 문화의 변화에 대응할 수 있는 방안 마련이 필요하게 되었습니다.

➡ **여러분이 살고 있는 지역의 인구 변화에는 어떤 특성이 있는지 살펴봅시다.**

예 방법 : 국가통계포털, 인구로 보는 대한민국 등 활용

지역 간 인구 이동은 어떤 패턴을 보일까요?

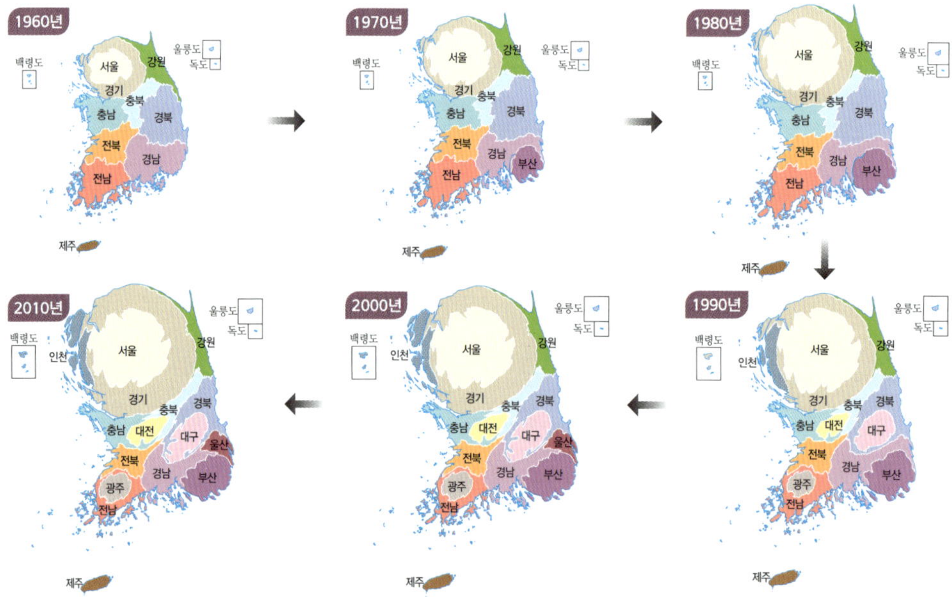

▲ 1960~2010년 지역별 인구 변화 (자료 : 국토지리정보원 대한민국 국가지도집)

여러분은 어디에서 태어났나요? 그리고 현재 어디에서 살고 있나요? 사람들은 살던 지역에서 다른 지역으로 이동합니다. 그래서 지역 간 인구이동 현상이 나타납니다. 우리나라에서는 시대에 따라 인구 이동의 패턴이 조금씩 달라졌습니다. 과거에는 농촌에서 도시, 특히 서울과 경기도 중심의 수도권으로 이동하는 사람들이 많았습니다. 1960년대부터 1980년

대까지는 우리나라에서 산업화가 빠르게 진행되면서, 일자리를 찾아서, 공부를 위해서 등 여러 가지 목적을 가지고 서울, 인천, 부산 같은 대도시로 이동하는 사람들이 많았어요. 왼쪽 지도에서 서울과 경기도의 동그라미가 점점 커지고 있는 것은 그만큼 인구가 증가했다는 것입니다. 그 당시 도시의 인구는 급격히 증가했고, 반대로 농촌 인구는 많이 줄어들었습니다. 촌락의 사람들이 도시로 많이 이동하였는데, 이렇게 촌락을 떠나서 도시로 사람들이 이동하는 '이촌향도'의 사회현상이 나타났습니다.

하지만 최근에는 또 다른 변화가 나타나고 있어요. 대도시에서 주변 중소도시나 자연환경이 좋은 촌락으로 이동하는 사람들이 늘어나고 있습니다. 이를 '도시 탈출' 또는 '역도시화' 현상이라고 해요. 특히 코로나19 이후에는 집에서 근무와 온라인 소통 중심의 비대면 생활이 가능해지면서, 꼭 도시에 살지 않아도 업무를 해결할 수 있는 사람들이 촌락 지역으로 옮겨 가는 경우도 많아졌습니다. 그럼에도 불구하고 여전히 수도권의 인구 비율이 높게 나타나고 있어서 주택 부족, 교통 혼잡, 환경오염 등 인구 집중에 따른 여러 가지 도시 문제가 발생하고 있습니다.

이와 같은 문제를 해결하려면 수도권 밖의 다른 지역에서도 안정적으로 일하고 편리하게 생활할 수 있도록 환경을 만들어 가야 한다는 의견이 많습니다. 이에 국가에서는 수도권으로 인구 집중을 완화하기 위해서 전국 각 지역에 지역의 환경에 맞게 산업 단지를 건설하고 교통시설을 개선하고 여러 가지 편의 시설을 확대하고 있습니다. 더불어 저출생, 고령화, 지역 간 생활 환경 격차 심화 등으로 수도권을 제외한 많은 지역에서는 '인구 감소'에 따른 문제를 안고 있습니다. 그런데 최근 촌락 생활을 즐기거나 촌락의 농업에 종사하려는 사람들이 많아지고 있습니다. 쾌적한 자연환경의 혜택으로 건강한 삶을 누릴 수 있다는 것, 여유 있는 공간에서 농업이나 생태환경을 체험할 수 있다는 장점, 그리고 공동체 환경에서 마음 편히 따뜻하게 지낼 수 있다는 생각의 영향으로 보입니다.

인구가 감소한다는 것은 단지 숫자의 문제가 아닙니다. 그 지역에서 살아가는 것이 더 어려워진다는 것을 의미합니다. 인구가 감소하면 일상생활에 필요한 시설과 기관이 줄어들게 됩니다. 자연스럽게 주민의 생활 불편 문제가 나타날 수도 있습니다. 또 학생들이 줄어들어 초등학교가 폐교되면 학교에 가기 위해 다른 지역으로 학교에 가야하는 불편함이 발생할 수 있습니다. 결국, 지역이 사람들의 힘을 토대로 성장할 힘을 잃을 수도 있습니다.

▼ 도시 지역 인구 비율 추이(자료 : 국토교통부)

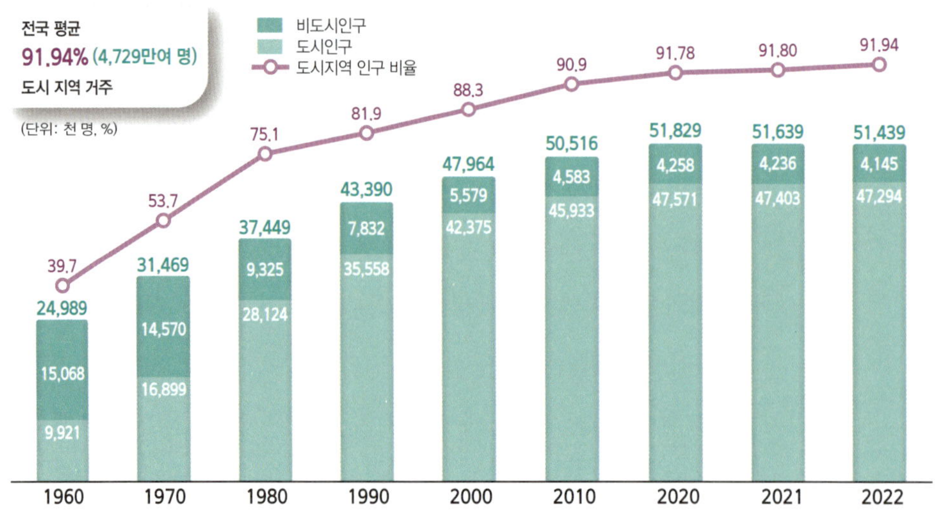

이처럼 지역 간 인구 이동은 경제, 교육, 환경, 그리고 사람들이 생각하는 가치에 따라서 끊임없이 변화합니다. 이런 변화를 잘 살펴보면, 어떤 지역의 인구가 증가하고, 인구 증가 또는 감소 지역이 어디인지 예상할 수 있습니다. 이는 지역의 미래를 계획하고 준비하는 데 매우 중요한 단서가 됩니다. 사람들의 이동을 유심히 살펴보아야 하는 이유입니다.

➡ **여러분이 살고 있는 지역사회에서는 어떤 인구이동 현상이 나타나고 있는지 살펴봅시다. 인구이동 현상을 토대로 더 살기 좋은 지역사회를 만들기 위해 개선해야 할 사항들을 찾아봅시다.**

사람들에게 살기 좋은 곳은 어떤 곳일까요?

여러분은 지금 어디에서 살고 있나요? 그리고 앞으로는 어디에서 살고 싶나요? 여러분과 가족이 지금의 거주지를 선택한 데에는 여러 가지 이유가 있었을 것입니다. 부모님의 직장과의 거리, 학교와의 통학 거리, 경

▼ 과거 조상들이 생각한 살기 좋은 곳

1조건 배산임수(산이 있고 물을 얻을 수 있는 곳) 	**2조건** 생리(경제 활동을 할 수 있는 곳) 
3조건 인심(좋은 사람들이 있는 곳) 	**4조건** 산수(경치 좋은 곳) 

제적인 여건 등을 고려해 현재의 거주지를 정하게 되었을 것입니다.

만약 여러분이 여러분의 생각을 토대로 거주할 수 있는 곳을 선택한다면, 어떤 곳을 선택하겠어요? 단순히 살고 싶은 장소, 생활이 편리한 장소, 또는 자연환경이 아름답고 쾌적한 장소, 학교와 가까운 곳 등 각자가 중요하게 여기는 조건에 따라 선택은 달라질 수 있을 것입니다.

이처럼 사람들은 저마다의 필요와 바람에 따라 적합한 장소를 고르고, 자신과 가족이 잘 살아갈 수 있는 터전을 마련합니다. 어떤 곳에 거주하느냐에 따라 생활의 편리함, 안전, 교육과 일자리, 여가 생활 등 삶의 질이 크게 달라질 수 있습니다. 따라서 거주지 선택은 단순히 머무를 수 있는 장소를 고르는 것이 아니라 더 나은 삶을 위한 중요한 결정이라고 할 수 있습니다.

과거에 우리 조상들은 안전한 곳, 경제 활동을 할 수 있는 곳, 인심 좋은 곳, 경치 좋은 곳을 살 만한 곳으로 생각했고 그러한 곳을 주거지로 정하는 경우가 많았어요. 그런데 현대 사회에서는 이에 더해 교통이 편리하고, 의료시설, 편의시설, 공공시설을 쉽게 이용할 수 있으며, 다양한 문화생활을 즐길 수 있는 장소에 대한 선호도가 커졌습니다.

▼ 더 나은 삶을 위해 필요한 요소들
(자료 : OECD, 더 나은 삶의 지수)

또한, 교통과 통신수단의 발달에 따라 사람들은 더 자주, 더 멀리 이동하며, 편리한 생활과 개인의 취미, 여가 활동

을 중요하게 생각하게 되었지요. 그런데 최근 코로나19와 같은 건강과 생명을 위협하는 전염병이 발생하고 있고, 기후 변화로 인해 사람들에게는 '건강한 삶'이 이루어질 수 있는 깨끗하고 쾌적한 자연환경을 중요한 조건으로 생각하게 되었습니다.

이렇게 현대 사회에서는 다양한 요소가 결합되어 사람들의 거주지 선택 기준이 많아지고 다양해지고 있습니다. 과거부터 오늘날까지 이어져 온 '살기 좋은 곳'이란 깨끗한 공기와 물, 쾌적한 기후 환경과 같은 자연적 조건은 기본이고 교통의 편리함, 교육과 의료 시설의 접근성, 안정적 일자리, 다양한 문화와 여가 활동 환경을 두루 갖춘 지역입니다. 즉, 사람들의 삶의 질을 높여 주는 여러 요소가 조화를 이루는 곳이 진정한 의미의 '살기 좋은 곳'이라고 할 수 있을 것입니다. 여러분에게 '살기 좋은 곳'은 어떤 곳인가요?

우리나라 사람들이 과거에 주로 많이 살았던 곳은 어디였고, 현재는 어디인지 살펴보고 앞으로는 어떤 곳이 살기 좋은 곳이 될 것인지를 상상해 봅시다.

우리나라의 인구 구성 피라미드는 어떤 모양일까요?

여러분의 지역사회에는 어떤 사람들이 살고 있나요? 우리는 통계청의 자료로 일정한 지역에 살고 있는 사람들의 성별, 연령별, 직업별, 종교별, 인종별 등의 인구 구성을 살펴볼 수 있어요. 그렇다면 지역, 국가의 인구 구성을 살펴보는 것은 왜 중요할까요? 인구 구성을 통해 지역사회에는 어떤 사람들이 살고 있는지를 파악하여 지역사회 사람들에게 적합한 정책을 만들기 위해서 입니다. 인구 구성은 교육, 복지, 일자리, 도시 계획 등 다양한 분야의 정책 수립과 미래 준비에 꼭 필요한 정보랍니다.

▼ 2024 우리나라의 인구 구성(출처 : 통계청)

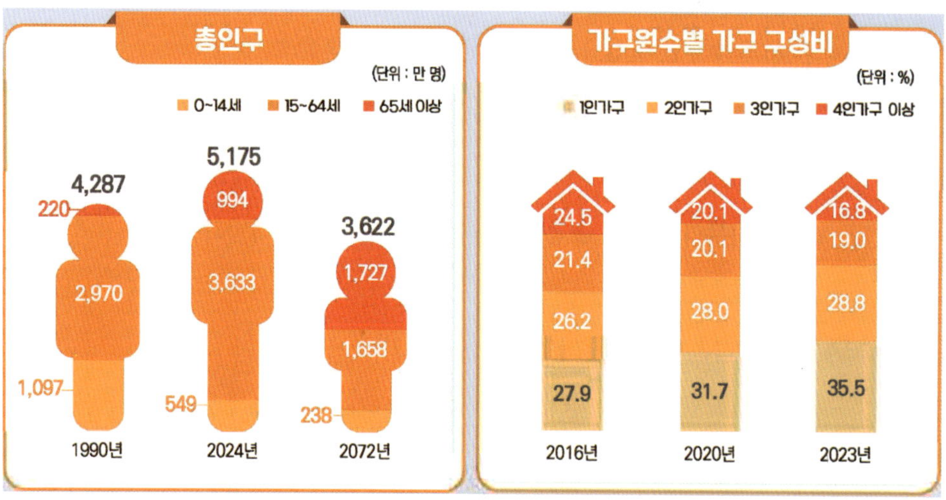

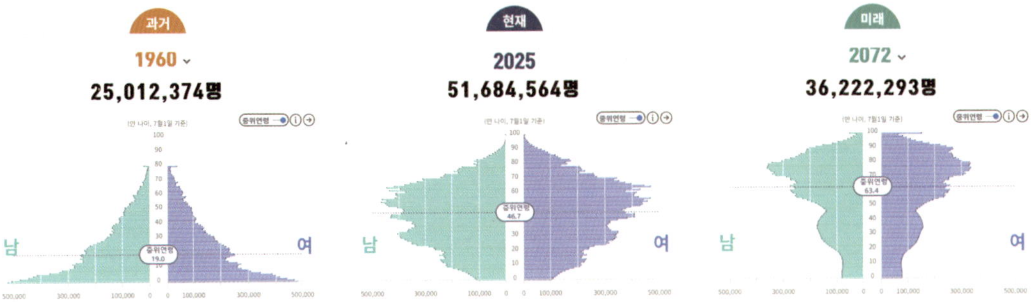

▲ 우리나라의 인구 피라미드 변천과 미래 상상(출처 : 인구로 보는 대한민국)

우리나라 인구 구성 피라미드의 모양은 점점 바뀌고 있습니다. 과거에는 아랫부분이 넓고 윗부분이 좁은 피라미드 모양이었지만, 현재는 위와 아래가 좁고 가운데가 넓은 실타래 모양의 인구 구조로 나타나고 있습니다. 최근에는 출생률이 크게 줄면서 유소년층의 인구 비율이 감소한 반면, 평균 수명이 길어지면서 노년층 인구가 많아지고 있어요. 이로 인해 인구 피라미드의 윗부분이 점점 넓어지고 아래는 더 좁아지는 형태, 즉 역삼각형 또는 별형 구조로 변화하고 있습니다.

이러한 인구 구조 변화는 우리 사회에 여러 가지 영향을 줍니다. 학생 수 감소, 노동 인구 감소, 고령화로 인한 복지 비용 증가 등이 대표적인 문제입니다. 그래서 정부와 사회는 출생률을 높이고, 고령 사회에 대비하는 정책을 마련하고 있어요.

결론적으로, 우리나라의 인구 구성 피라미드는 더 이상 전통적인 피라미드 모양이 아닙니다. 앞으로는 청년 인구가 줄고 고령 인구가 많아지는 사회에 어떻게 잘 대응할 것인가가 매우 중요한 과제가 될 것입니다.

더 알아보기

성별·연령별 인구 구성

성별·연령별 인구 구성을 한눈에 볼 수 있게 그려 놓은 그림을 '인구 피라미드'라고 합니다. 인구 피라미드에서 가로축의 왼쪽은 남자 수, 오른쪽은 여자 수를 나타내며 세로축은 0세에서 시작하여 나이를 표시합니다. 그래서 인구 피라미드를 보면 남녀별 인구 구성, 연령별 인구 구성을 파악할 수 있지요.

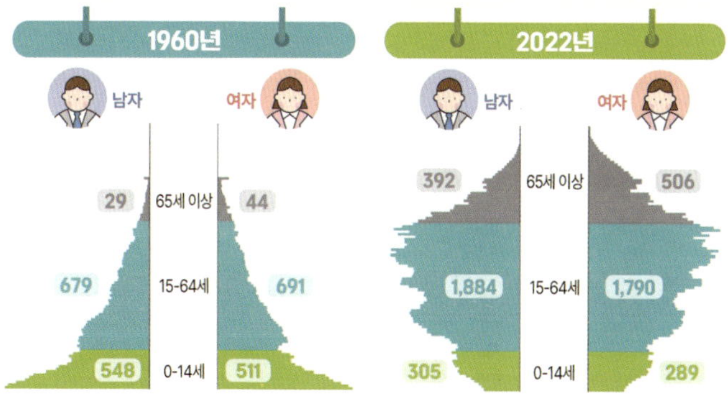

▲ 인구 피라미드(출처 : 통계청)

1960년의 인구 피라미드를 살펴봅시다. 먼저, 남녀 구성에서 0~14세까지는 남자가 여자보다 다소 많지만 거의 비슷한 구성을 보여 줍니다. 그러나 65세 이상부터는 여자가 남자보다 더 많습니다. 1960년대에 여자가 남자보다 평균 수명이 더 길었다는 것을 보여 줍니다. 둘째, 연령별 인구 구성을 봅시다. 0~14세 이하의 유소년 인구가 다른 연령대에 비해서 탁월하게 많다는 것을 볼 수 있어요. 반면, 연령대가 올라갈수록 인구수가 많이 줄어들었습니다. 이것은 평균 수명과 관련되어 있어요. 과거에는 우리나라뿐 아니라 대부분의 다른 국가에서도 흔히 찾아볼 수 있는 현상이었습니다.

그럼, 2022년의 인구 피라미드를 살펴봅시다. 먼저 남녀 구성을 살펴보면, 연령이 올라갈수록 여자 수가 남자 수보다 눈에 띄게 많아진 것을 볼 수 있습니다.

65세 이상의 연령대에서는 여자가 남자보다 많습니다. 연령별 인구수의 변화를 살펴봅시다. 2022년에는 1960년대와는 달리 15~64세인 청장년층의 인구가 가장 많고, 노년층 인구, 그리고 유소년층 인구 순서로 나타납니다. 이는 출생률의 감소에 따라 유소년층 인구가 상대적으로 감소하고 있다는 것이지요. 즉, 태어나는 아이의 수가 적어지고 있다는 것입니다. 그리고 65세 이상의 노년층 인구가 1960년에 비해 훨씬 많아졌지요.

이러한 현상은 낮은 출생률, 고령화가 가져온 결과로 볼 수 있습니다. 이는 앞으로 우리 사회가 해결해야 할 과제입니다.

우리 지역의 인구를 조사하여 인구 피라미드를 만들어 봅시다.

예 조사 내용 :

0~14세 남자와 여자의 수

15~64세의 남자와 여자의 수

65세 이상의 남자와 여자의 수

예 조사한 내용으로 피라미드 그리기

우리 지역 인구 피라미드를 토대로 우리 지역 인구 구성의 특성을 살펴 봅시다. 그리고 앞으로 우리 지역에서 필요한 정책과 실천 사항을 탐구해 봅시다.

예 우리 지역 인구 특성

예 필요한 정책과 실천 사항

인구 피라미드 그리기

우리 지역의 인구를 조사하여 인구 피라미드를 만들어 봅시다.

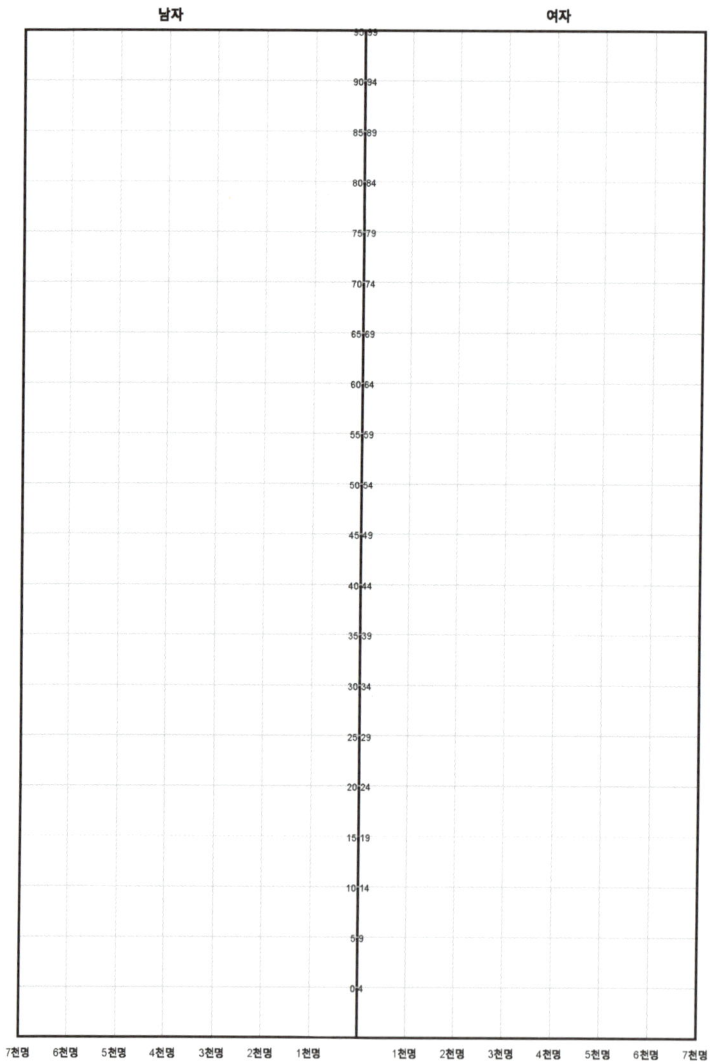

우리나라의 남녀 성비는 지역별로 차이가 있을까요?

남녀 성비란, 한 지역이나 국가의 남성과 여성 인구 비율을 말합니다. 보통은 여자 100명에 대한 남자의 수를 기준으로 나타냅니다. 예를 들어, 남녀 성비가 105라면, 여자 100명에 남자가 105명 있다는 뜻입니다.

남녀 성비는 인구 구조를 파악하는 데 중요한 지표입니다. 성비가 지나치게 높거나 낮으면 결혼, 노동, 돌봄, 지역 사회의 안정 등 여러 분야에 영향을 줄 수 있습니다. 즉, 남녀 비율의 불균형이 크게 나타나면 미혼 인구가 많아질 수 있습니다. 노동면에서도 특정 성별 인구가 부족하면 직업 분야에서 필요한 인력을 확보하기 어려워질 수 있고 지역 공동체의 불안정 등의 문제도 발생할 수 있다는 것입니다. 따라서 정부는 성비의 변화를 꾸준히 조사하고, 균형 있는 사회를 만들기 위한 정책을 펼치고 있습니다. 우리나라의 지역별 성비의 차이를 살펴볼까요? 지역에 따라 성비가 달라질 수도 있습니다. 산업 단지나 공업

▲ 2023년 기준 남녀 성비(자료 : 통계청)

지역, 도시, 촌락에 따라서 남성과 여성의 인구비율에서 차이가 나타나기도 합니다.

먼저 지도에서 울산의 성비를 보면 105.70입니다. 여자 100명당 남자가 105.70명이라는 뜻으로 울산에는 남자가 더 많다는 것입니다. 서울은 여자 수가 남자 수보다 많은 곳입니다. 지역별로 남자가 또는 여자가 많은 곳이 있는데, 이는 지역에 발달한 산업의 종류, 학교, 문화 시설, 산업 시설, 군부대 등의 분포와 같은 지역의 환경이 영향을 주는 경우가 많기 때문입니다. 예를 들어, 공장 등의 산업 단지가 조성된 곳, 군사 지역 등은 아무래도 젊은 청장년층의 남자 인구가 많을 수 있습니다. 또한, 성비는 사회의 변화에 따라서 달라질 수 있습니다. 과거에는 여성이 많이 거주하는 지역이었는데 현재는 남성의 거주자가 많을 수 있다는 것입니다. 사회 변화에 따라서 성비의 변화가 나타날 수 있고, 성비의 변화가 사회 변화를 가져올 수 있습니다. 그래서 우리는 사회변화와 성비의 변화를 같이 연결해서 살펴보는 것이 필요합니다. 여러분이 살고 있는 지역의 남녀 성비는 어떤 특성을 보여주나요?

활동 **다른 지역들의 성비를 활용해서 지역별 남녀 인구 구성을 살펴봅시다. 그리고 그 이유를 탐구해 봅시다.**

우리나라에서 도시는 어떻게 발달해 왔을까요?

사람들이 머물러 살아가는 곳을 정주 공간이라고 합니다. 우리가 살고 있는 촌락, 도시는 모두 정주공간에 해당합니다. 예로부터 대부분의 사람들은 삶의 터전을 찾아 함께 모여 살았습니다. 촌락의 발달은 이러한 과정을 거치면서 형성되었어요. 사람들의 생활이 안정되고 점점 더 많은 사람들이 모이면서 다양한 일들을 하게 되었지요. 이러한 과정에서 도시가 발달하게 되었답니다. 오늘날 우리나라 전체 인구의 약 90% 정도는 도시에서 살고 있습니다. 도시는 어떻게 발달했을까요?

사람들은 정착생활을 하면서 농사를 짓고 여유 식량을 생산하게 되었습니다. 이에 따라 농업 이외 서비스업 등의 직업이 다양해졌고 많은 사람들의 경제활동과 공동체 유지를 위해서 행정 기능과 시장 기능이 발달했습니다. 이러한 기능의 발달로 사람들의 경제활동은 더 활발하게 이루어졌고 서로 다른 직업을 가진 사람들이 효과적으로 거래하고 협력하기 위해 일정한 공간에 모이기 시작했습니다. 이처럼 상품과 서비스의 교류가 활발하게 이루어지는 장소는 점차 중심지로 성장했습니다. 이러한 중심지에 도시가 형성되는 경우가 많았습니다. 도시의 발달은 이러한 모습으로 진행되었습니다.

농경사회를 지나 산업사회로 변화하면서 도시의 모습도 변화하였습니다. 비옥한 토지를 중심으로 발달했던 농경사회의 도시 모습에서 제조업,

▲ 행정수도 역할을 하고 있는 세종시(좌), 신도시로 조성된 경기도 안양시 평촌 일대(우)

상업과 무역, 서비스업 중심의 다양한 모습의 도시들이 등장하게 되었습니다. 오늘날에는 관광지를 중심으로 발달한 관광 도시, 군사 업무를 중심으로 발달한 군사 도시, 그리고 행정 업무를 담당하는 행정 도시, 대도시의 주거지로서 기능을 분담하는 대도시 주변의 위성도시 등 다양한 기능을 행하는 도시들이 생겼어요.

1945년 광복 이후 2·3차 산업으로 변화를 추진하면서 공업 도시, 상업 도시, 관광 도시 등도 발달하게 되었고 이후 오늘날까지 도시의 수와 도시에 사는 인구 수, 도시 면적 등이 크게 증가했습니다. 이와 같은 현상을 '도시화'라고 합니다.

우리나라의 도시화에 대해 살펴볼까요? 먼저 도시 수의 변화를 살펴봅시다. 1960년대에는 도의 행정구역별로 3~5개 내외의 도시가 발달해 있었어요. 그런데 2018년에는 대부분 도 단위 행정구역에 5개 이상의 도시가 발달해 있어요. 1960년대 도시는 주로 해안 지역과 일부 내륙에 발달해 있어요. 인천, 군산, 목포, 여수, 순천, 삼천포, 충무(통영), 마산, 진해, 부산, 포항, 강릉 등은 1960년대 해안 지역에 발달한 도시입니다. 수원, 대전, 전주, 광주, 대구, 청주, 춘천 등은 각 도 단위 행정구역의 도청 소재지로 발달한 내륙 도시랍니다. 익산, 충주, 김천 등은 철도 교통이 발달한 곳이지요. 이러한 도시들을 우리나라 지도에서 찾아 위치적 특성을 살펴봅시다.

그런데 오늘날 도시 분포를 보면, 서울 주변에 많은 도시가 발달해 있어요. 그만큼 많은 사람이 서울과 주변 지역으로 이주하여 살고 있기 때문입니다. 그리고 부산, 대구, 울산, 광주, 대전광역시와 세종특별자치시 등 지역별로 대도시가 발달해 있습니다.

오늘날 도시는 단순히 산업 중심지를 넘어서 고도의 서비스와 정보가 집중되는 공간으로 변화하고 있어요. 교육, 의료, 금융, 문화 등 다양한 기능이 모이면서 사람들의 삶에 큰 영향을 미치는 공간이 되었습니다. 잘 마련된 교통수단, 교육 기회, 도서관, 박물관 등의 문화 시설이 풍부하고 다양한 사람들과의 교류 할 수 있는 환경 등에서 장점을 지니고 있는 곳이기도 합니다. 대도시의 과밀화, 주택 문제, 교통 혼잡, 환경 오염과 같은 도시 문제도 함께 나타나고 있습니다.

이렇게 도시는 사람들의 생활 방식과 문화가 변화, 발전하는 과정 속에서 형성되고 성장해 왔으며, 앞으로도 도시는 기술 혁신, 사회 구조 변화, 기후변화와 같은 환경적 대응 등의 요인에 따라 지속적으로변화하면서 새로운 형태로 발전해 나갈 것으로 예상됩니다. 우리가 상상하는 좋은 도시의 미래 모습은 무엇인가요?

여러분이 살고 있는 지역에는 어떤 도시들이 있는지 찾아봅시다. 그리고 도시들의 발달 과정과 발달 산업을 조사해 봅시다.

예 광주광역시- 자동차 산업, 문화 콘텐츠 산업, 최근에는 인공지능 산업 발달 등

사람들이 살고 싶은 도시는 어떤 도시일까요?

여러분이 생각하는 살기 좋은 도시는 어떤 곳인가요? 많은 사람들에게 도시는 편의 시설이 많이 있고 교통수단이 발달해서 사람들이 생활하기에 편리한 곳으로 여겨지고 있어요. 다양한 볼거리와 즐길 거리 등이 많아서 마음껏 즐길 수 있는 곳이기도 하지요. 붐비지만, 활력이 넘치고 많은 사람과 소통하고, 새로운 변화를 느껴 볼 수 있는 곳이기도 해요.

도시에는 좋은 모습만 있는 것은 아닙니다. 많은 사람이 살다 보니 편의 시설을 이용하는 데 혼잡하고 시간이 많이 드는 편이죠. 그리고 교통 혼잡, 깨끗한 환경 유지의 어려움, 사람들과 친밀감 유지의 어려움, 개인의 주거환경 유지 어려움 등 여러 가지 문제 해결이 필요한 곳이기도 합니다. 또한, 도시로 들어오는 사람들이 편리하고 쾌적하게 살아갈 수 있

▼ 교통 혼잡 문제(좌), 생활 쓰레기 문제(우)

▲ 눈에 띄게 차이가 나는 도시 숲(자료 : 한국일보, 2022.06.09)

도록 편의시설과 교통수단 등을 늘리는 것도 필요한 일입니다. 그런데 이러한 시설의 증가 및 확장은 환경 오염과 훼손의 문제를 가져오기도 하며, 생태계의 균형을 무너뜨리는 원인이 되기도 합니다. 최근 발생하고 있는 폭염, 폭우, 기온의 큰 변화 그리고 이에 따른 자연재해는 생태 환경에 더 많은 관심과 보전이 필요함을 보여 주는 사례입니다. 도시의 지속 가능한 환경을 위해서 도시의 녹색 환경 즉 자연환경에 더 많은 관심을 갖고 보전하려는 노력이 필요한 이유입니다.

도시를 말할 때 '회색의 도시'라는 표현을 쓰기도 하지요. 계속해서 많은 사람이 도시로 이주하면서 초록의 자연환경보다는 회색의 건물과 도로 등이 많아지는 도시의 변화를 표현하는 말이지요. 도시의 발달 배경에서 살펴보았듯이 도시는 공업, 상업, 서비스업의 발달, 교통의 발달, 주거지의 개발 등을 통해서 발전해 왔기 때문에 자연환경을 이용, 개발하면서 형성된 곳이라고 할 수 있습니다. 그런데, 사람들이 도시에서 건강하게 생활하기 위해서는 무엇보다도 맑은 공기, 맑은 물, 그리고 여유롭게 쉬면서 교감할 수 있는 생태환경이 필요합니다. 이제는 자연환경에 관한 관심이 어느 때보다 더 필요하게 되었지요. 오늘날 '회색도시'보다는 '생태도시', '친환경 도시' 등을 지향하는 도시들이 많아지고 있는 이유입니다.

최근에 도시는 '스마트 도시'로 변화하고 있습니다. 예를 들어, 시내 도로의 차량 흐름을 파악하여 신호등을 조절하거나 위험 신호를 보내 줍니

▼ 스마트 도시

다. 또 대기 오염의 정도를 수시로 체크하여 안내하도록 하며, 온라인 교육과 의료 서비스 제공 시스템이 다양하게 도입되고 있어요. 그만큼 사람들의 편의와 복지 그리고 환경을 생각하는 도시 만들기라고 할 수 있지요.

여러분이 살고 싶은 도시는 어떤 모습인가요? 다양한 도시의 사례를 찾아 탐구해 보고, 여러분의 도시를 살고 싶은 도시로 만들기 위해 개선해야 할 문제들을 찾아봅시다.

정원, 공원, 식물원, 가로수 길 등을 만들면서 초록의 도시 생태환경을 조성하는 노력을 기울이고 있어요. 순천시의 순천만 정원 사례를 살펴봅

▼ 순천만 국가정원 모습(출처 : 한국관광공사 포토코리아 - 김용대)

시다. 순천은 순천만 국가 정원을 만들어서 초록의 생태 환경을 갖춘 '정원의 도시'라는 도시 브랜드를 갖게 되었어요. 2014년에는 '순천만 정원'으로 개장하여 2015년에 국가 정원 1호로 인정받았어요. 국가 정원은 국립공원처럼 국가에서 조성하고 운영하는 정원입니다. 순천시민에 의해 조성된 순천만 정원이지만 이제는 국가에서 정원을 가꾸고 운영하는 데 지원한다는 것입니다. 순천시는 앞으로 마을 곳곳에 작은 공원을 만들어 초록의 생태 환경 도시로 거듭날 계획이라고 해요.

두 번째 국가 정원은 산업도시로 널리 알려진 울산에 위치한 태화강국가정원입니다. 울산 도심을 가로지르는 태화강을 따라 조성된 이 정원은 과거 산업화와 도시화의 영향으로 심각한 수질 오염을 겪었던 지역입니다. 하지만 하수처리장 건설, 수질 개선사업, 시민들의 노력 등에 힘입어 태화강은 점차 생태적 건강을 회복하게 되었습니다. 그 결과 2006년 태화강에서 멸종 위기 동물 1급이자 천연기념물 330호인 수달의 서식이 확인되면서 생태환경이 크게 개선되었음을 증명하게 되었습니다.

▼ 태화강 국가 정원에서 발견된 수달 가족(좌), 태화강 국가 정원 십대리 숲(우)

누구나 깨끗한 환경에서 생활하는 것을 좋아합니다. 깨끗한 환경을 만들기 위해서는 우선 대기 오염을 줄여야 해요. 공장에서, 자동차에서, 가정에서, 건물에서 배출되는 매연, 미세먼지, 온실가스 등이 도시에 대기 오염을 가져오는 주요 요인들이라고 할 수 있어요. 대기 오염은 인체에 해를 끼칠 뿐 아니라 기후 환경에 변화를 가져오기도 합니다. 그래서 도시에서 대기 오염을 해결하기 위한 노력은 적극적으로 이뤄져야 하지요.

대기 오염 문제를 해결하기 위해서 도시는 전기차 확대, 자전거나 대중교통 이용, 쓰레기 분리 배출, 일회용품 사용 줄이기, 생태환경 조성 등을 적극적으로 권장하고 있지요.

인구 수보다 자전거가 더 많다는 네덜란드, 주민들의 태양광 에너지 이용으로 만들어 낸 독일의 보봉마을 등 여러 국가의 도시 사람들도 일상생활에서 자연환경을 지키려고 노력한다고 해요.

▲ 인구 수보다 자전거가 더 많은 네덜란드 암스테르담(상), 주민의 힘으로 만들어낸 그린시티, 독일 보봉마을(중), 재활용 용기에 물건을 구매하는 영국의 제로웨이스트 상점(하)

또한, 기후 변화를 일으키는 데 큰 영향을 미치는 이산화탄소의 배출량을 줄이기 위해 노력하고 있습니다. 요즘 전 세계가 추진하고 있는 탄소 중립을 위한 노력입니다. 탄소 중립은 탄소 배출량을 최대한 줄이고 배출된 탄소에 대한 흡수량을 늘려서 이산화탄소가 새로 배출되는 양을 실질적으로 0이 되도록 하는 것입니다. 그래서 화석 연료 중심에서 탄소 발생을 최소화할 수 있는 신재생 에너지로 전환하고, 저탄소 제품 및 녹색 제품 구매, 친환경 자동차 이용 확대, 대중교통과 자전거 이용, 재활용률 높이기, 갯벌, 습지, 산림과 같은 탄소 흡수원 보호 및 확대 등의 노력을 기울이고 있습니다.

➡ 여러분의 지역 사회에서는 생태환경을 위해서 어떤 노력을 하고 있나요? 지역 사회에서 노력하고 있는 것들을 찾아 정리하고, 더 친환경적인 지역사회를 위해 개선해야 할 일과 해결 방안을 찾아봅시다.

우리나라의 산업 구조는 어떤 특성이 있을까요?

사람들은 개인의 기본적인 의식주 생활, 경제적 풍요, 소질과 능력의 계발, 인류의 삶과 사회 발전에 기여 등을 위해서 여러 가지 유형의 생산 활동을 합니다. 사람들이 삶을 위해 참여하는 생산 활동을 '산업'이라고 해요. 사회가 변화하면서 사람들의 활동도 다양해졌어요.

농업, 어업(수산업), 임업, 광업, 공업(제조업), 상업, 서비스업, 첨단 산업, 우주 항공 산업 등으로 분류할 수 있어요. 그리고 이러한 산업을 통해 만들어진 재화와 서비스를 그 특징에 따라 다시 1차 산업, 2차 산업, 3차 산업, 4차 산업 등으로 분류해서 사용하고 있어요.

1차 산업은 농업, 어업, 임업 등 자연에서 자원을 직접 얻는 산업입니다. 주로 농촌, 어촌, 산지촌에서 이루어지며 최근에는 기후 변화 대응을 위해 친환경 농업, 자연 자원 보호 등 새로운 방향으로 전환하고 있습니다. 과거에는 농업에 종사하는 사람들이 전체 인구의 50% 이상이었지만 현재는 10% 이하로 낮아졌습니다. 농업은 우리에게 필요한 식량을 제공해 주는 아주 중요한 산업입니다. 농업 인구가 감소하는 것과 더불어서 실제 농업 활동을 하는 사람들은 대부분 65세 이상의 고령층이 많아서 앞으로 농업을 계승, 발전시킬 수 있는 방안을 마련해야 하는 과제를 갖고 있습니다.

2차 산업은 1960~1970년대 우리나라 경제 성장에 핵심적 역할을 했습니다. 특히, 자동차, 반도체, 조선, 전자제품 등의 산업이 발달했습니다.

이러한 산업 발달과 밀접하게 관련된 것으로 교통수단의 발달, 공업 단지 형성 등이 있습니다. 최근에는 첨단 기술 산업과 지식 기반 산업으로 전환이 이루어지고 있습니다. 더불어서 기후 변화 대응을 위해 단소 중립 실천, 친환경 에너지 사용 등이 중요하게 강조되고 있습니다.

3차 산업은 오늘날 우리나라 경제에서 가장 큰 비중을 차지하고 있는 산업입니다. 금융, 정보 통신, 관광, 교육, 의료 등이 모두 포함됩니다. 특히, 전자상거래, 디지털 콘텐츠 산업(예 유튜브), 핀테크(금융기술) 등 새로운 서비스 산업이 빠르게 성장하고 있습니다. 이는 일자리 종류와 산업 구조에 큰 영향을 주고 있습니다.

4차 산업은 인공지능(AI), 빅데이터, 사물인터넷(IoT), 로봇 공학, 바이오 등을 포함합니다. 4차 산업혁명으로 일컬어지고 있습니다. 디지털 혁신을 이끄는 분야이며 기술 중심의 경제로 전환하는 데 중점을 두고 있습니다. 더불어서 여기에는 지속 가능한 사회와 환경을 만들 수 있는 친환경 기술 개발도 강조되고 있어서 미래 산업의 핵심 가치로 자리잡고 있습니다.

산업 구조는 한 사회 내 사람들이 참여하는 산업들의 구성 상태를 말합니다. 산업 구조를 보면 사회에서 주로 발달한 분야가 무엇인지 알 수 있고, 산업 구조의 변화를 보면 사회가 어떻게 변화하게 될지 그리고 그러한 변화에 발맞추기 위해 필요한 것은 무엇인지를 예측해 볼 수 있어요. 앞으로 세계화, 정보화, 고령화 사회에서 우리나라의 산업 구조를 어떻게 만들어가야 하는지 그리고 무엇보다도 기후 변화에 대응해서 지속 가능한 사회와 환경을 만드는 데 필요한 기술과 산업의 방향은 무엇이어야 하는지를 우리는 생각하고 해결 방안을 찾아야 합니다.

또한, 기후 변화가 산업에 영향을 미치고 있습니다. 이상 기후(폭염, 가뭄, 집중호우 등)로 인해 농작물의 성장과 수확 품질이 낮아질 수 있어서 대체 농작물이 필요할 수도 있습니다. 특히, 농업은 인류의 생존과 경제 활동 그리고 문화적 가치를 보전하는 데 뿌리와 같은 산업입니다. '신토불이'는 몸과 땅은 둘이 아니고 하나의 의미이며 사람은 자신들이 살고 있는 지역의 자연환경이 키운 농산물을 통해서 건강한 삶을 살아갈 수 있다는 의미입니다. 신토불이 농산물을 지속적으로 생산하여 건강한 삶을 살기 위해 기후 변화에 대응한 농업의 준비와 변화가 필요한 시대가 되었습니다.

에너지 산업에서는 탄소 배출을 줄이기 위해 노력하고 있습니다. 이를 위해 태양광과 풍력 같은 친환경 에너지로 바꾸고, 화석 연료 대신 저탄소 에너지를 사용하는 시설과 자동차를 늘려야 한다고 생각하는 사람들이 많아지고 있습니다. 건설업에서는 폭염, 강추위 등에 대비할 수 있고 에너지 사용량을 줄일 수 있는 건축기술과 건축 재료 사용을 하고 있습니다. 이외 어업, 운송업, 기타 제조업 등에서도 기후 변화에 대응을 위한 노력이 필요합니다.

'기후 변화에 따른 농업의 변화'와 관련하여 농촌진흥청에서는 미래 유망 농업 관련 직업을 제시했습니다. 어떤 직업이 있는지 살펴보고 여러분의 미래 진로와 관련된 직업 분야가 있는지 찾아봅시다. 그리고 해당 직업에서 필요한 능력은 무엇인지 알아봅시다.

▼ 농산업 직업 세계 신규직업 100 (출처: 농촌진흥청)

곤충전문컨설턴트	다문화코디네이터	유전체 분석가
공동체재생가이드	도시 농자재 판매업자	의약품 신소재 개발자
공정무역전문가	도시농업관리사	이력관리시스템 개발자
국제개발협력전문가	돌봄농장 운영자	자연치유사
귀농귀촌플래너	동물교감치유사	자연환경 안내원
그린마케터	디지털 헤리티지 전문가	재생에너지전문가
그린장례지도사	로컬푸드 직매장 매니저	재활승마치료사
기후변화전문가	로컬푸드재배업자	전통가옥기술자
노인돌봄매니저	리사이클링코디네이터	전통공예 전문가
농가 레스토랑 운영자	마을 기업 운영자	전통식품개발전문가
농가 카페 매니저	마을재난관리자	정밀농업 기술자
농산물 물류 엔지니어	문화재 돌보미	종자품질관리사
농산물 유통 분석가	미디어 콘텐츠 창작자	지역 사회교육 코디네이터
농산물꾸러미식단플래너	바이오 데이터 분석가	지역사회 예술기획자
농산물품질관리사	바이오 플라스틱 디자이너	지역음식 관광 코디네이터
농산물해외시장개척마케터	반려동물식품코디네이터	지역의료 생협 플래너
농식품수출유통가	사회적 경제활동가	진로체험 코디네이터
농업·농촌 경영 컨설턴트	생태건축전문가	창작자 에이전트
농업드론 조종사	생태관광 디렉터	초음파 진단 관리사
농업로봇 개발자	수의테크니션	치유농업사
농업유산해설사	3D프린팅 전문가	친환경 농자재 전문가
농작업안전관리사	스마트 농업전문가	친환경포장디자이너
농장서비스코디네이터	스마트 헬스케어 서비스 기획자	텃밭농장 디자이너
농촌 비즈니스 코디네이터	스마트팜 기술자	팜웨딩 플래너
농촌 융복합 산업전문가	스마트팜 운영자	팜파티 플래너
농촌관광플래너	식생활교육전문가	팜핑 디렉터
농촌교육농장플래너	안전먹거리지킴이	퍼머컬처디자이너
농촌레저활동지도사	약용식물관리사	푸드큐레이터
농촌문화교류코디네이터	에너지 절감 시설관리사	한식전문가
농촌상품공간스토리텔러	여가생활플래너	해외농업전문가
농촌체험 휴양마을 디렉터	영양서비스컨설턴트	협동조합 플래너
농촌체험가이드	옥상정원 디자이너	환경복원기술자
농촌체험상품기획가	요리사농부	
농촌커뮤니티 가드너	유기농업전문가	

더 알아보기

기업의 ESG 경영

ESG는 환경(Environmental), 사회(Social), 지배 구조(Governance)의 영문 앞글자를 모아 놓은 것이며, 기업이 사회가 더 공정하고 모든 사람이 평등하게 경제 활동에 참여할 수 있고, 환경을 온전하게 보전하는 데 필요한 기업의 책임 있는 역할을 강조하는 경영 전략입니다.

세부적으로 살펴보면, 환경적 측면에서는 온실가스 배출량을 줄이고, 친환경 제품의 개발, 자원 절약과 재활용으로 한정된 자원의 효율적 사용 그리고 기업의 생산 활동에서 생물과 환경보호를 실천하도록 요구하는 것입니다. 사회적 측면에서는 다양한 사람들이 존중받고 삶의 질을 높일 수 있도록 기업과 사회 그리고 노동자와의 상생을 추구하는 것입니다. 지배 구조에서는 기업이 투명하고 공정한 윤리적 경영으로 신뢰받는 기업이 될 수 있도록 하는 것입니다.

최근 탄소 배출량을 줄이기 위한 노력, 친환경 제품의 생산 증가, 노동자의 인권 보호 등의 기업 역할은 이러한 ESG를 실천하려는 기업의 노력이라고 할 수 있습니다. 이러한 기업의 ESG 실천은 새로운 기술 혁신의 필요, 생산 비용 증가 등의 어려움은 있을지라도 장기적으로 기업의 지속적 경영을 위해서는 추구해야 할 방향입니다.

Environmental	Social	Governance
기후 변화 대응 탄소 배출 감소 환경오염 감소 생물과 환경보호	노동자의 인권 보호 다양한 사람들의 존중 지역 사회 발전에 기여	깨끗하고 투명한 경영 기업의 윤리적 실천

▶ ESG 경영을 실천하고 있는 기업의 사례를 찾아 조사해 봅시다.

제 4 장

대한민국 동해의 첫 섬, 독도

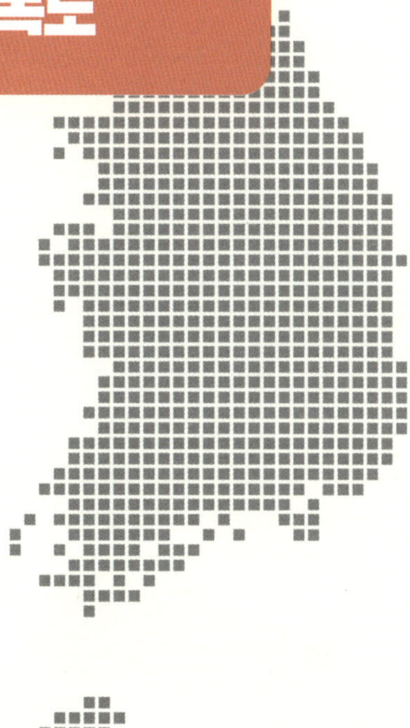

독도는 어떻게 형성되었을까요?

우리나라에서 새해 해돋이를 가장 먼저 볼 수 있는 곳은 어디일까요? 우리나라의 가장 동쪽에 있는 섬, 독도입니다. 우리 국토에서 가장 먼저 하루를 시작하는 대한민국의 영토입니다.

독도는 동쪽의 동도와 서쪽의 서도의 큰 두 개 섬을 중심으로 주변에 작은 섬과 바위들로 이루어져 있습니다. 전체 면적은 187,554m²입니다.

▼ 우리나라의 가장 동쪽에 있는 섬, 독도(자료 : 안동립)

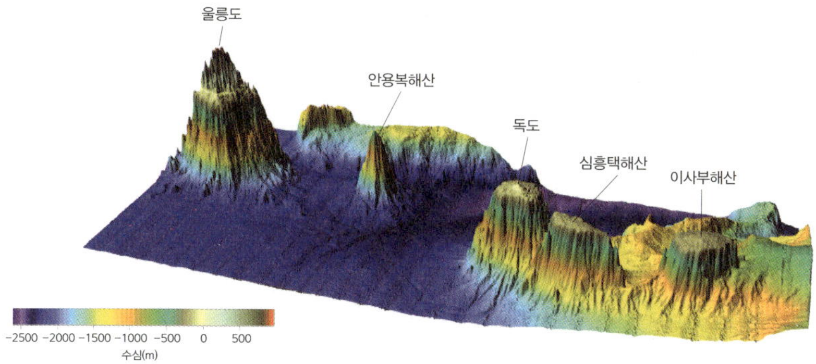

▲ 독도 주변의 해산(자료 : 동북아역사재단)

독도는 오래전에 화산 폭발로 나온 용암이 굳어져 만들어진 화산섬입니다. 독도처럼 화산 폭발로 형성된 섬으로는 울릉도, 제주도 등이 있어요. 독도는 울릉도, 제주도보다 먼저 형성된 화산섬으로 알려져 있습니다. 현재 바다 위에 보이는 동도와 서도는 바다 아래 커다란 화산체(화산 활동으로 만들어진 커다란 산지)의 일부라고 해요. 우리는 바다 위에 보이는 화산체의 윗부분을 보고 있는 것입니다. 바닷속에는 화산 활동으로 형성된 1,000m 이상의 높은 산들이 있답니다. 이렇게 바다 위에 드러나 있지는 않지만 바닷속에 있는 산을 해산이라고 부릅니다. 독도 주변에는 여러 해산이 존재하며, 이들 중 일부는 독도를 지켜 온 인물의 이름을 따서 표기하였습니다. 대표적으로 안용복 해산, 심흥택 해산, 이사부 해산 등이 있습니다. 독도는 지형의 형성 과정과 해양 지형, 그리고 우리의 역사와 문화를 이해하는 데 소중한 곳입니다.

독도 여행은 어떻게 할까요?

독도로 가는 길은 여러 가지가 있습니다. 다만 바로 가는 교통편은 없으며, 반드시 울릉도를 거쳐야 합니다. 그렇다면 지도에서 독도로 가는 경로를 살펴볼까요?

독도로 가는 배는 주로 포항, 강릉, 묵호, 후포와 같은 동해안의 항구에서 출발합니다. 동해에서 울릉도, 울릉도에서 독도까지 다시 배를 타고 가야 합니다. 독도로 가는 바다의 상황은 날씨와 파도의 영향을 많이 받기 때문에 배의 운항이 어려운 경우도 있답니다. 독도에 도착하면, 동도에 내려서 섬을 자유롭게 둘러볼 수 있지만 정해진 시간 안에 살펴볼 수 있답니다. 독도 여행은 분명히 가능한 여행이며 직접 보고 느끼는 경험을 해볼 수 있습니다.

괭이갈매기는 독도의 주요 번식 조류로, 매년 봄부터 여름 사이에 독도

▼ 독도로 가는 방법

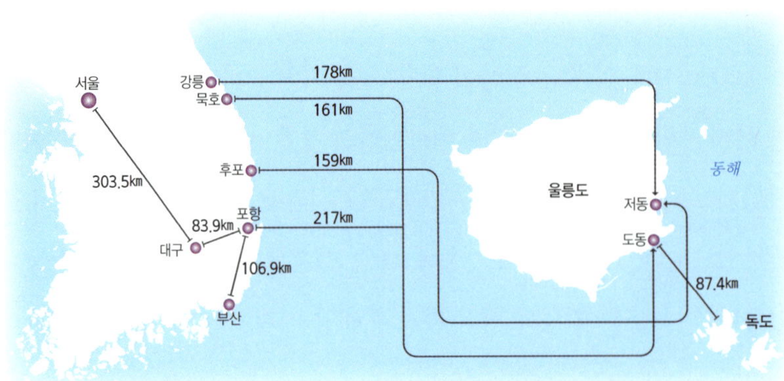

독도 접안 기상정보(울릉알리미) ▶

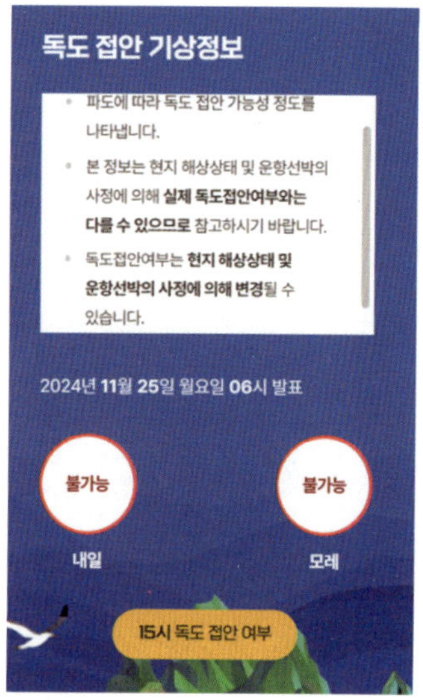

에서 번식합니다. 이 시기에는 번식 환경을 보호하기 위해 입도(섬에 들어가는 것)가 제한되기도 합니다. 또한 파도가 높은 경우 배의 정박에 어려움이 있다고 해요.

독도는 천연기념물 제336호(독도 천연보호구역)로 지정되어 출입이 제한되어 있었으며, 지금처럼 일반인에게 독도가 개방된 것은 2005년부터입니다. 2005년 이후 정부에서 '독도 입도 제한 완화' 조치를 시행하면서, 일반 사람들이 독도를 찾을 수 있는 길이 열렸습니다. 하지만 '완화'되었다는 것이지, 완전히 개방했다는 것은 아닙니다. 지금도 여전히 독도 땅을 밟기까지에는 제한이 있답니다. 이처럼 독도는 자연환경과 생태계를 보호하기 위해 철저히 관리되고 있는 경이롭고 소중한 섬입니다.

우리 모두가 존중과 책임의 마음으로 독도를 바라보고 아껴야 할 이유가 여기에 있습니다.

독도에는 어떤 생물들이 살고 있을까요?

독도는 오랜 세월에 걸쳐서 바람, 비, 눈, 파도 등에 의해 깎여서 식물이 서식하는 데 필요한 두께의 토양층을 찾아보기 어렵습니다. 하지만 독도에는 해국, 번행초, 섬기린초, 땅채송화, 강아지풀, 명이주, 곰솔 등 100여 종의 식물, 섬땅방아벌레, 어리무당벌레, 남방남색코기부전나비 등 93여 종의 곤충, 괭이갈매기, 바다제비, 섬참새, 쇠찌르레기, 말똥가리, 동박새 등 140여 종의 조류 등 다양한 생물이 서식하고 있다고 해요.

독도는 돌이 많고 바닷바람이 강해서 이러한 환경에 적응한 특별한 생물들이 서식하고 있습니다. 독도에 자라는 식물들은 키가 크지 않지만, 거센 바람과 척박한 환경 속에서도 바위틈에 뿌리를 내리고 자라나는 식물들은 놀라운 생명력을 보여 줍니다. 이런 생명력 덕분에 독도는 더욱 아름답고 특별한 섬으로 느껴집니다.

특히 번행초와 같은 식물은 육지에서

왕호장근(상), 땅채송화(하) ▶

◀ 괭이갈매기(상), 번행초(하)

는 좀처럼 보기 어려운 희귀 식물로, 울릉도와 독도에서 주로 자라는 귀한 생물종입니다. 척박한 환경에서도 꽃을 피우는 이 식물들은, 마치 독도의 자연처럼 강인하면서도 소중한 존재입니다. 독도는 동해를 지나는 철새들이 잠시 머무르는 곳이기도 합니다. 그래서 바다제비, 알락 할미새, 섬참새 등 다양한 새들이 관찰되고 있다고 해요. 독도는 그 위치와 지형 덕분에 철새들에게 중요한 쉼터가 되며, 이동 중 휴식을 취하거나 먹이를 찾는 장소로 이용되고 있습니다. 또한 독도는 괭이갈매기의 집단 번식지로도 매우 유명합니다. 매년 봄과 여름이 되면 수천 마리의 괭이갈매기들이 독도를 찾아와 알을 낳고 새끼를 기르며 생명의 장관을 이루지요. 이러한 생태적 가치는 독도를 단순한 섬이 아닌, 동해 생물 다양성의 보고로 만들어 주고 있습니다.

독도의 바다는 차가운 바닷물인 한류와 따뜻한 바닷물인 난류가 흐르고 만나는 곳으로, 영양분이 풍부하게 있어서 다양한 생물이 생태계를 이루고 있습니다. 돌돔, 도화새우, 방어를 비롯하여 전복, 소라, 홍합, 성게, 해삼, 새우, 미역, 다시마 등의 해산물이 풍부한 곳이지요. 독도는 육지에서 보기 어려운 여러 가지 생물들이 서식하고 있는 생태계의 보물 같은 곳으로 자연유산으로서 가치가 큰 섬이라고 할 수 있어요. 그런데 최근 기후변화로 인해 독도 주변의 바다 온도가 상승하면서 바다 환경에 변화가 나타나고 있답니다. 따뜻한 바다를 좋아하는 아열대성·열대성 어류가 새롭게 등장하는 반면, 기존에 독도 주변에서 흔히 볼 수 있었던 어류는 점차 줄어들고 있답니다. 이전에는 볼 수 없었던 새로운 어류와 해조류, 무척추동물이 등장하면서 독도 주변 생태계의 균형에도 변화가 생기고 있어요. 바닷물 온도가 올라가고 새로운 종이 등장함에 따라 일부 어류의 개체 수가 늘어나거나 줄어드는 등 생물 다양성에도 영향을 미치고 있습니다.

독도 주변 바다 환경은 기후변화뿐만 아니라 해양쓰레기 등 인간 활동의 영향도 받고 있답니다. 따라서 독도 주변 바다 생태계를 건강하게 유지하기 위해서는 기후변화에 대응하고, 해양 환경 보호에 힘쓰는 것이 매우 중요하답니다.

독도는 '천혜의 자연환경을 품은 곳'이라고 말하는 이유는 무엇일까요?

생태 섬, 독도를 위해 필요한 일은 무엇일까요?

동해를 지나는 철새들이 머무르며 새들이 만들어 낸 풍경과 동해의 세찬 비바람을 견디며 사계절 독도를 푸르게 만들어 주는 야생화와 나무들이 독도를 천혜의 자연환경 지역으로 만들고 있습니다.

1982년에는 독도를 천연기념물 제336호로 지정하였고, 1999년에는 '독도 천연보호구역'으로 지정하여 보호하고 자연환경 보전 지역, 자연 생태계 섬, 지속 가능한 환경 보전이 이루어지도록 관리하고 있습니다. 이를 위해서 독도의 생태 환경을 활용하여 우표, 배지 등 상징물을 만들어서 독도의 다양한 생물의 서식지로서의 가치 그리고 아름다운 풍경을 가진 화산섬의 모습을 널리 알리고 있습니다.

'Dokdo Korea (태극 품은 강치)'

독도는 천연기념물 제336호로 지정된 천연보호구역입니다. 아름다운 독도의 모습과 현재의 독도 모습을 온라인으로 감상해 볼 수 있습니다. 여러분이 발견한 독도의 특별한 점은 무엇인가요? 독도의 특징을 활용하여 나만의 우표, 배지, 엽서, 티셔츠, 컵 등의 기념품을 디자인해 봅시다.

제 5 장

지구, 대륙 그리고 국가들

세계지도를 본 적이 있나요? 세계지도를 바라보고 있으면 지도 속 다양한 지역에 대한 상상과 호기심이 자연스럽게 떠오르지 않나요? 지도에는 수많은 나라들이 표시되어 있는데, 그중 평소에 가보고 싶었던 나라나 익숙한 나라 이름이 보이면 그 나라에 대해 더 알고 싶어지고, 더욱 생생하게 상상하게 됩니다.

실제로 그곳에 가지 않더라도, 지도를 통해 그 나라에 대한 기본적인 정보를 얻을 수 있어요. 예를 들어 그 나라 주변에 어떤 나라들이 있는지, 바다와 맞닿아 있는 해양국인지, 아니면 육지 안쪽에 위치한 내륙국인지, 또 적도보다 위쪽(북반구)에 있는지 아래쪽(남반구)에 있는지, 국토의 모양은 어떤지 등 다양한 정보들을 지도 하나로 살펴볼 수 있습니다.

둥근 모양의 나라, 세로로 긴 나라, 가로로 펼쳐진 나라 등 지도에 나타난 형상만으로도 많은 이야기를 떠올릴 수 있죠. 그렇다면, 여러분이 상상하는 세계는 어떤 모습인가요? 지도는 단순한 정보의 도구를 넘어, 상상력과 탐구심을 자극하는 창문이 되어 줍니다.

지구본과 세계지도로 세계를 상상할 수 있을까요?

지구의 둘레는 약 4만km 정도라고 합니다. 우리나라 남북의 길이가 약 1,100km 정도라는 점을 생각해 보면, 지구 전체를 한눈에 살펴보는 것은 매우 어려운 일이라는 것을 알 수 있습니다. 그래서 지구를 일정한 비율로 줄여서 만든 지도나 지구본을 보면서 지구의 모습과 국가들의 위치, 다양한 지형 등을 더 쉽게 살펴볼 수 있습니다. 지도와 지구본은 지구를 이해하는 데 꼭 필요한 도구인 셈입니다.

지구본은 지구의 둥근 모양을 그대로 반영하여 만든 모형입니다. 그래서 지구상의 국가와 지역, 여러 지형과 지물들의 위치를 실제처럼 살펴볼 수 있는 장점이 있습니다. 세계를 이해하는 데 도움을 주지요. 그런데 스마트폰이나 컴퓨터로 보는 디지털 지도와 달리, 마음대로 확대하거나 축소해서 자세하게 볼 수 없다는 불편함이 있어요. 세계지도는 세계 전체를 한눈에 볼 수 있게 평면으로 나타낸 것입니다. 세계의 여러 대륙, 국가, 해양, 강, 산맥 등의 위치와 관계를 쉽게 확인할 수 있게 합니다. 그런데 지도는 지구본과 마찬가지로 필요에 따라 확대, 축소를 활용할 수 없다는 단점이 있어요.

그래서 요즘은 세계를 살펴보거나 여행을 할 때 지구본과 종이 세계지도와 함께 스마트폰이나 앱을 이용하여 디지털 영상지도를 같이 사용하면서 각각의 장점을 동시에 활용하기도 합니다. 디지털 영상지도는 컴퓨터나 스마트 기기 화면을 통해 지도를 자유롭게 확대·축소하거나 이동할 수 있고, 위성 사진이나 다양한 정보를 함께 볼 수 있는 장점이 있습니다. 예를 들어 건물, 도로, 산, 바다뿐 아니라 실시간 교통 정보, 거리 보기 기능 등도 제공되어 우리가 세계를 더 입체적이고 실감나게 이해할 수 있도록 도와줍니다.

이처럼 지구본, 세계지도, 디지털 영상지도는 각각의 장점과 특징을 가지고 있으며, 우리가 세계를 더 넓고 정확하게 이해하는 데 필요한 소중한 도구들입니다. 그럼, 세 개의 도구들을 활용하여 세계 여행을 시작해 봅시다. 그리고 지구상의 넓은 세상으로 눈과 귀를 넓혀 봅시다.

지구에는 어떤 대륙과 대양, 국가들이 있을까요?

지구의 약 30%는 육지이고 나머지는 바다로 이루어져 있어요. 지구본과 지도를 활용하여 지구를 구성하고 있는 대륙과 대양들을 찾아봅시다. 가장 큰 대륙부터 찾아볼까요? 우리나라, 중국 등이 있는 아시아, 이집트, 가나 등이 있는 아프리카, 캐나다와 멕시코 등이 있는 북아메리카, 브라질, 칠레 등이 있는 남아메리카, 포르투갈, 체코 등이 있는 유럽, 호주와 뉴질랜드, 주변의 섬들로 이루어진 오세아니아, 그리고 남극 대륙이 있어요. 이러한 대륙들을 둘러싸고 있는 큰 바다를 특별히 대양이라고 해요. 큰 바다는 대륙처럼 떨어져 있지 않고 연결되어 구분하기 어려워요. 그런데 사람들이 편의상 바다를 구분하여 이름을 지어 주었어요. 태평양, 인도양, 대서양, 북극해, 남극해 등으로 이름을 지어서 사용하고 있어요.

이렇게 세계에는 여러 대륙과 대양이 있어요. 그리고 지구상에는 각 대륙에 속한 많은 나라들이 있답니다. 나라마다 자연환경과 문화가 다르고, 사람들이 살아가는 모습도 다양하지요. 하지만 이 모든 나라들은 같은 지구에 살고 있다는 점에서 서로 연결되어 있어요. 지도를 보며 대륙과 대양, 그리고 세계의 여러 나라들의 위치와 이름을 익히고, 각각의 특징도 하나씩 알아가면 지구에 대해 더 잘 이해할 수 있어요.

지구는 우리 모두가 함께 살아가는 소중한 집이랍니다. 대륙과 대양 그리고 세계의 여러 나라들의 위치와 이름을 익히면서 우리가 살아가고 있는 지구에 대해 알아보는 것은 세계시민이 지녀야 할 능력이랍니다. 왜 그럴까?라는 생각을 갖고 지도를 펼쳐 세계를 살펴보고 알아가 봅시다.

지구본과 지도를 활용하여 세계의 여러 대륙과 대양을 찾아서 색으로 표시해 봅시다. 그리고 대륙별로 국가를 찾아서 백지도에 표시해 봅시다.

▲ 세계지도(출처 : 국토지리정보원)

지형으로 세계의 모습을 상상할 수 있을까요?

지구에는 대륙과 대양 이외에도 섬, 만, 반도, 산맥, 고원, 사막, 해안 등 다양한 지형들이 있어요. 이러한 지형들은 사람들이 어떻게 살고, 자연이 어떤 모습을 하고 있는지를 이해하는 데 도움을 줍니다. 생물의 서식 환경, 사람들의 거주지, 그리고 사람들의 경제 활동과 문화 등을 형성하는 데 영향을 줍니다. 그래서 지역의 지형을 알고 있으면, 그곳 사람들의 생활 모습과 자연환경을 상상하는 데 도움을 얻을 수 있습니다. 지형을 통해 세계를 상상하는 시간을 가져 볼까요?

➡ 세계지도를 활용하여 지구상의 여러 지형들을 찾아 적어 봅시다. 그리고 세계지도에 표시해 봅시다.

▶ 섬

: 그린란드, ______________________________

▶ 만

: 페르시아만, ______________________________

▶ 반도

: 이베리아반도, ______________________________

▶ 호수

: 바이칼호, ____

▶ 해협

: 말라카해협, ____

▶ 산맥

: 우랄산맥, ____

▶ 고원

: 아비시니아고원, ____

▲ 세계지도(출처 : 국토지리정보원)

세계에는 어떤 나라들이 있을까요?

세계에는 얼마나 많은 나라가 있을까요? 유엔(UN) 회원국으로 참여하고 있는 국가는 현재 193개국이 있답니다. 국가마다 문화, 언어, 생활모습이 모두 다르지만 모두 하나의 지구 안에서 살아가고 있다는 점이 참으로 신기하지요. 많은 나라는 교류와 협력을 통해서 지구촌 공동의 이익을 추구하고 지구촌의 평화와 지속 가능한 환경을 만들기 위해 노력하고 있습니다.

교통과 통신 기술의 발달로 지역 간의 그리고 국가 간의 정치, 경제, 사회, 문화 교류가 활발해지면서 과거와 비교해 개인은 세계로 삶의 범위를 더 확장하고 있습니다. 그래서 세계 여러 지역의 사람 및 문화에 대한 이해 그리고 협력이 많이 필요한 시대가 되었다고 할 수 있습니다.

서로 교류하고 협력하기 위해서는 서로를 잘 알아야 합니다. 직접 여행을 통해서, 책을 통해서 그리고 인터넷이나 소셜 미디어 등 여러 가지 디지털 매체를 통해서 알고 싶은 나라의 여러 정보를 찾아볼 수 있습니다. 이 과정에서 자연환경 및 인문환경 그리고 국가의 위치, 크기, 모양, 장소 및 지역에 대한 지식과 정보 등 지리적인 정보를 얻게 됩니다. 그 자료 중에서 지도는 직접 가 보지 않고도 세계 여러 국가 및 지역의 지리적 특성을 이해하는 데 큰 도움을 주는 중요한 자료입니다.

그럼, 몇 개 국가들을 선정하여 해당 국가의 지리 정보를 살펴봅시다.

▲ 러시아, 이집트, 칠레의 위치

유라시아에서는 러시아, 아프리카에서는 이집트, 아메리카에서는 칠레를 선택했어요. 러시아는 세계에서 가장 넓은 면적의 나라, 이집트는 아프리카 국가이면서 지중해와 홍해를 사이에 두고 유럽, 아시아에 접해 있는 나라, 그리고 칠레는 세계에서 남북으로 길게 뻗은 영토를 가진 나라로 특별함을 갖고 있습니다. 다음 나라들의 지리 정보를 활용해서 국가의 지리적 특성을 파악하는 방법을 알아봅시다.

러시아

세계지도나 지구본을 활용해서 국가들을 찾을 때, 우리나라를 중심으로 주변의 국가들을 찾아보기도 하지만 영토의 모양, 영토의 크기 등으로 국가들을 살펴보기도 합니다. 러시아는 세계에서 가장 넓은 영토를 가지고 있는데 지구 육지 면적의 약 11%를 차지하는 크기라고 해요. 러시아는 영토의 크기만으로도 흥미로움을 줍니다. 넓은 영토를 가진 러시아에는 어떤 특별함이 있는지 살펴볼까요?

▲ 러시아의 위치

러시아는 유럽과 아시아를 포함한 유라시아 대륙의 북부에 자리 잡고 있습니다. 우랄산맥을 경계로 하여 서쪽을 유럽 러시아, 동쪽을 아시아

▼ 러시아의 지형

▲ 러시아 야말 네네츠인의 전통 이동식 가옥 춤(Chum)

러시아로 부르기도 하지요. 우랄산맥이라는 지형적 장벽은 동쪽과 서쪽 사람들의 지역 간 교류를 어렵게 만들었지만 서로 다른 문화와 생활 방식을 발전시키는 계기가 되기도 했어요.

러시아의 영토는 동서로 넓게 펼쳐져 있지만, 남북으로도 길게 뻗어 있어요. 그래서 온대 기후, 냉대 기후, 한대 기후 그리고 건조 기후가 나타나는 다양한 기후 환경이 나타납니다. 한 나라 안에서 기후에 따른 다양한 생활 모습을 살펴볼 수 있지요. 오비강 하류의 야말반도를 포함한 북극해 주변에서는 한대 기후 지역에서만 볼 수 있는 특별한 의식주 생활 모습을 살펴볼 수 있답니다.

그리고 러시아에는 냉대 기후 환경이 넓게 나타납니다. 러시아는 '추운 곳'이라는 이미지를 형성하는 데 영향을 주기도 했죠. 특히, 여러분이 알

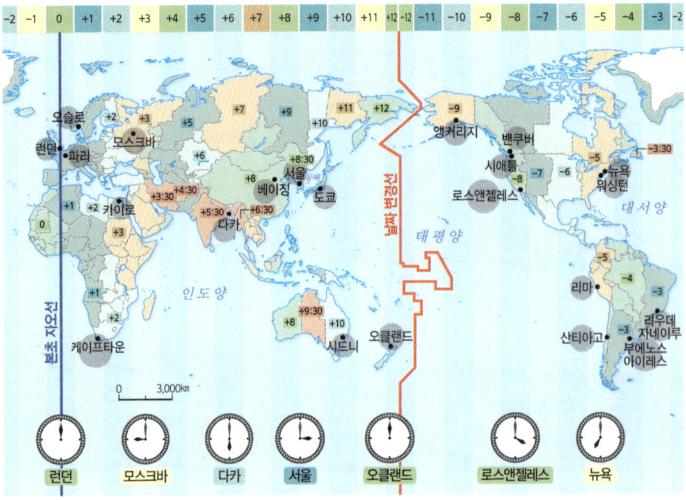

▲ 세계의 시간대

고 있는 시베리아는 냉대 기후가 주로 나타나는 곳으로 사람들이 거주하기 위해서는 길고 추운 기후 환경에 적응할 수 있는 방법이 필요합니다. 시베리아에는 소나무, 가문비나무, 전나무, 잎갈나무 등 침엽수림(타이가)이 세계에서 가장 큰 육상 생태계를 형성하고 있으며 이로 인해서 이곳은 아주 독특한 풍경과 생태적, 경제적, 문화적 중요성을 지니고 있습니다. 침엽수림은 지구의 탄소 저장고 역할을 하여 지구의 온난화를 완화하는 데 크게 이바지합니다. 그리고 이곳에서 채취할 수 있는 야생 베리와 여러 식물은 이곳 주민들의 건강을 지켜주는 색생활과 생계에 중요한 자원이 되어 오고 있답니다.

북쪽과 동쪽은 북극해와 태평양에 접해 있어서 바다로 나아갈 수 있다는 위치적 장점을 갖고 있습니다. 그런데 북극해 주변은 겨울에 추위로 인해 대부분 얼어 있어서 배를 이용하여 바다로 나아가는 데 어려움이 있습니다. 그래서 러시아 동남쪽 끝에 있는 블라디보스토크 항구는 겨울에도 얼지 않은 항구(부동항)로서 러시아의 중요한 항구 역할을 한다고 해요.

그리고 러시아는 영토가 동서로 넓게 펼쳐져 있어서 동쪽 끝과 서쪽 끝 지역은 무려 11시간의 시차가 있습니다. 같은 나라 안에서도 시차에 따른 사람들의 일상이 다양하게 나타날 수 있음을 추측해 볼 수 있습니다. 예를 들어, 서쪽 끝에 있는 폴란드와의 국경 지역이 오전 8시일 때 동쪽 끝 캄차카반도는 이미 오후 6시가 됩니다. 같은 나라에 살고 있지만 서쪽 지역에 사는 사람이 학교 갈 준비하고 있을 때 동쪽 지역에 사는 사람은 저녁 식사를 준비하고 있을 수도 있는 것이죠. 이렇게 러시아는 넓은 영토와 다양한 자연환경, 그리고 여러 시간대에 있어서 지역마다 생활모습과 일상의 생활이 다양하게 나타나는 곳이랍니다.

다음에서는 주변 국가들과의 관계적 측면에서 러시아를 살펴봅시다. 러시아는 동쪽으로는 태평양을 사이에 두고 북아메리카와 마주하고, 서쪽으로는 유럽, 남쪽으로는 아시아와 접하고 있어요. 이처럼 여러 대륙과 가까운 위치에 있기 때문에 아시아, 유럽, 아메리카의 여러 나라들과도 쉽게 교류할 수 있는 좋은 조건을 가지고 있어요. 그러나 우호적 관계를 형성하지 못했을 때는 서로 간 국경을 사이에 두고 분쟁과 갈등이 생겨 어려움을 겪을 수도 있습니다. 따라서 러시아의 지리적 위치는 주변 나라들과의 관계에 큰 영향을 미친다고 할 수 있습니다. 지도를 사용하여 러시아가 어떤 나라들과 이웃하고 있는지, 또 어떤 대륙들과 연결되어 있는지 살펴보면, 러시아의 세계 여러 나라들과의 교류 방식을 이해하는 데 도움을 얻을 수 있답니다.

이처럼 주변 나라들과의 위치적 측면에서 관계를 살펴보는 것은 그 나라가 왜 특정한 외교 정책을 펴거나, 어떤 경제적 협력을 하며, 때로는 갈등을 겪는지, 그리고 역사적으로 어떤 문화 교류를 해 왔는지를 이해하는 데 매우 중요합니다. 그리고 세계에서 그 나라의 역할을 이해하는 데 중요한 도움 정보가 됩니다.

지도를 활용하여 러시아의 이웃 나라들을 찾아봅시다. 그리고 이웃나라들과의 교류, 관계에 대해 조사해 봅시다.

이집트

이제 이집트를 살펴봅시다. 이집트는 나일강 유역의 국가로 알려져 있습니다. 여러분이 가진 지구본 또는 지도에서 이집트의 위치, 크기, 모양을 살펴봅시다. 그리고 나일강의 강줄기를 따라가 봅시다. 이집트는 아프리카 대륙 북쪽의 북위 22°~32°에 위치합니다. 위도로 보면, 우리나라의 제주도보다 더 낮은 위도에 있어서 더 높은 기온을 상상해 볼 수 있습니다. 경도는 25°~35°로 본초 자오선의

▲ 이집트의 위치

▲ 이집트의 지형

표준 시간대보다 2시간 빠른 시간대에 해당합니다. 우리나라와 비교하였을 때는 우리나라가 7시간 빠른 시간대에 있습니다.

이집트는 동쪽으로는 홍해, 북쪽으로는 지중해에 접해 있어요. 북쪽과 동쪽의 바다를 이용하여 아프리카를 유럽과 아시아로 연결하는 지리적 이점을 갖고 있습니다. 특히, 지중해와 홍해를 연결하는 수에즈 운하는 유럽과 아시아, 아프리카 동부를 연결하는 중요한 해상 교통로 역할을 합니다.

이집트 영토는 네모 모양에 가까워요. 일반적으로 국가의 경계는 산, 강, 호수 등 자연적 지형을 경계로 정해지기도 하지만 이집트는 직선으로 된 인위적인 경계가 많아요. 특히, 이집트의 서쪽 리비아와의 국경선은 1,000km 이상의 직선으로 되어 있으며 대부분이 넓은 사막으로 이루어져 있어요. 남쪽 수단과도 1,000km 이상의 국경선을 사이에 두고 있으며 대부분이 사막으로 이루어져 있습니다. 왜 그럴까요?

한편, 이집트의 수도인 카이로는 이집트의 북쪽 나일강 하류에 있어요. 일반적으로 국가의 수도는 영토의 중앙부에 위치한 경우가 많은데, 이집트는 그렇지 않아요. 그렇다면 이집트는 왜 수도를 북쪽에 두었을까요?

과거 그리스의 역사가 헤로도토스는 "이집트는 나일강의 선물"이라고 말했어요. 비가 거의 오지 않은 건조한 이집트에서 나일강의 물을 공급받을 수 있다는 것은 엄청난 혜택이지요. 나일강이 흐르기 때문에 이집트 사람들은 농사를 짓고, 물을 얻고, 도시를 만들 수 있었어요. 그래서 오늘날에도 이집트의 큰 도시들은 대부분 나일강 주변에 자리하고 있답니다.

나일강의 물은 농사를 짓는 데 필요한 물, 생활에 쓰는 물, 그리고 교통

▼ 나일강 풍경

수단으로서 배가 오가며 사람과 물자를 운반하는 길로 활용됩니다. 또한, 나일강에 댐을 만들어서 전기를 만드는 데도 활용하고 있답니다. 이뿐만 아니라, 나일강은 여러 동식물이 사는 서식지 역할도 해요. 그런데 나일강의 오염, 주변 국가들과의 나일강 물의 이용, 물 부족 문제 등은 이집트의 지속 가능한 발전을 위해 해결해야 할 과제랍니다.

특히 기후 변화 때문에 생기는 문제들도 커요. 예를 들어, 해수면이 올라가서 나일강 하류 주변이 잠길 수도 있고, 기온이 올라가고 비가 적어지면서 주변 사막이 더 넓어지는 사막화 현상이 심해질 수 있어요. 또 나일강 물의 양이 불규칙해지고, 무더운 더위와 갑작스러운 비가 많이 내리는 일도 많아지면서 여러 어려움이 생기고 있답니다. 기후변화에 따른 문제의 발생과 이에 대한 대응 능력을 갖추는 것은 이집트에도 필요한 일로 보입니다.

아프리카 백지도에 적도를 표시하고, 국가와 주요 지형(나일강, 지중해, 홍해, 사하라사막, 빅토리아호, 콩고강, 킬리만자로산 등)의 이름을 넣어서 아프리카 지도를 만들어 봅시다.

칠레

▲ 칠레의 위치

이제 지도에서 칠레를 찾고 칠레를 알아봅시다. 칠레는 여러분에게 '긴 나라'의 이미지로 떠올려지는 경우가 많습니다. 남북으로 긴 영토를 갖고 있기 때문입니다. 그리고 포도, 블루베리, 홍어와 같은 농수산물을 많이 생산하는 곳으로도 알려져 있습니다.

칠레는 지구의 남반구에 있는 국가로 적도(0°)보다 아래에 있습니다. 남아메리카의 서쪽 태평양 연안에 자리한 칠레는 영토의 남북 길이가 약 4,300km, 폭은 약 175km로 동서로는 폭이 좁고 남북으로는 긴 영토를 갖고 있습니다. 우리나라의 남북 길이 1,030km, 동서 길이 약 300~400km인 것과 비교해 보면 더 쉽게 칠레의 영토 모양을 상상할 수 있겠죠.

칠레의 영토는 동서 간 길이가 넓지 않다고 하지만 면적은 약 75만km^2로 남한의 약 7배 정도 크기이며 세계에서는 38번째로 큰 영토입니다. 그런데 인구는 약 2000만 명으로 남한 인구의 절반 정도입니다.

칠레는 남북으로 아주 길게 뻗어 있어 저위도에서 중위도까지 열대 기후, 건조 기후, 온대 기후, 냉대 기후, 산지에서는 한대 기후까지 여러 기후 환경이 나타납니다. 한 나라에서 여러 기후 환경을 경험할 수 있어요. 북쪽은 연중 덥고 강수량이 적은 건조 기후가 나타납니다. 세계에서 가장 건조한 지역 중 하나인 아타카마사막이 칠레 북쪽에 있습니다. 가장 남쪽의 높은 산지가 있는 파타고니아에서는 눈이 내리고 1년 내내 얼음으로 덮인 빙하를 볼 수도 있어요. 이처럼 기후가 다양한 칠레에서는 지역마다 사람들의 생활 모습도 다양하게 나타날 수 있겠죠? 이런 다양한 기후 환경 속에서 사람들은 어떻게 살아가는지 궁금하지 않나요?

칠레의 자연환경을 더 살펴봅시다. 북쪽에 아타카마사막, 서쪽과 남쪽에 태평양, 동쪽에 안데스산맥이 남북으로 길게 뻗어 있습니다. 그래서 동쪽으로는 높은 산맥, 서쪽과 남쪽으로는 바다, 북쪽으로는 사막이 있는 환경이라고 할 수 있죠. 산, 바다, 사막으로 둘러싸인 칠레는 주변 국가와 어떻게 교류를 할까요?

칠레에는 건조한 사막으로 알려진 아타카마사막이 있습니다. 아타카마사막에는 보통 1년 내내 내리는 비의 양이 250mm 이하라고 해요. 그래서 아주 건조한 기후 환경이 나타나고 있답니다. 아타카마사막의 일부 지역에는 수백년 동안 강수량이 거의 없는 곳도 있어 세계에서 가장 건조한 사막으로 불립니다.

▲ 칠레의 지형

칠레에는 해안가 일부에 평지가 있을 뿐 안데스 산지와 계곡이 대부분을 차지하여 어업과 밭농사 그리고 과수 재배를 주로 한다고 해요. 여러분이 마트에서 볼 수 있는 칠

▲ 아타카마사막

레산 포도, 칠레산 블루베리, 칠레산 홍어 등은 이러한 지리적 환경과 관련이 있을 것입니다. 특히, 칠레의 서부 해안 지역에는 여름에는 고온 건조한 기후가 나타나서 포도를 비롯해 맛있는 과일 생산이 가능한 곳이랍니다.

이제 칠레의 남쪽으로 더 내려가 봅시다. 남아메리카 대륙의 남위 40도(S40°) 이남의 지역을 파타고니아라고 합니다. 대륙의 끝에는 세계 최남단 도시, 푼타아레나스가 있습니다. '꼭짓점의 끝'이라는 뜻의 이 도시는 아메리카 대륙의 끝이기도 하지만, 남극으로 향하는 관문이기도 합니다. 남극에 가까운 이 지역의 기후는 어떨까요? 기온은 낮고 나무가 휘어서 자랄 정도로 바람이 매우 많이 부는 지역입니다. 이처럼 기후가 춥고 바람이 센 지역에서는 사람들이 옷을 두껍게 입고, 집도 튼튼하게 지어야 해요. 농사를 짓거나 이동하는 데에도 날씨의 영향을 많이 받기 때문에 이곳에 사는 사람들은 추운 기후에 맞는 생활 방식을 선택하며 살아가고

▲ 파타고니아(좌), 푼타아레나스(우)

있습니다.

이제 지도를 보며 파타고니아와 푼타아레나스의 위치를 직접 찾아보고, 왜 이 지역이 남극 탐험의 출발점이 되는지도 생각해 보면 좋겠습니다.

위치와 자연환경을 토대로 칠레 사람들의 생활 모습을 상상해 봅시다.

지금까지 우리는 러시아, 이집트, 칠레의 세 국가를 중심으로 하여 국가의 위치, 크기, 모양, 그리고 자연환경과 사람들의 생활모습을 서로 관련지어 살펴보았어요. 위치, 크기, 모양, 기후, 지형에 따라 다양한 생활모습이 발달할 수 있다는 것을 알았습니다. 다른 국가들에 대해서도 위치, 크기, 모양, 자연환경을 살펴보고 지역별, 국가별 생활 모습과 연결해 보세요. 지역의 그리고 국가의 특성을 파악하는 데 도움을 얻을 것입니다.

세계의 기후 환경에는 어떤 다양성이 있을까요?

날씨는 그날의 기온, 강수량, 바람, 구름 등 시시각각 바뀌는 대기의 상태를 말합니다. 반면에 기후는 한 지역에서 오랜 기간(통상적으로 10년 이상의 긴 기간)에 걸쳐 나타나는 평균적인 대기 상태를 말합니다. 여러분이 사는 지역의 기후를 생각하면서 세계 여러 지역의 기후를 살펴봅시다.

세계에는 여러 기후 환경이 나타납니다. 연중 덥고 습한 열대 기후 환경에서부터 연중 대부분의 기온이 0℃ 이하로 내려가서 매우 춥고 눈과 얼음으로 뒤덮인 지역의 한대 기후 환경에 이르기까지 지구에는 다양한 기후 환경이 나타납니다. 다양한 기후 환경은 다양한 생물 환경을 형성하며 사람들의 다양한 생활 모습을 형성하는 데 중요한 역할을 합니다. 지구촌 풍경을 다양하게 해 준다고 할 수 있어요.

세계의 기후는 일반적으로 열대 기후, 온대 기후, 냉대 기후, 한대 기후 그리고 고산 기후, 건조 기후로 구분해서 사용하고 있습니다.

독일의 기후학자 쾨펜(Wladimir Peter Köppen)은 세계의 기후를 과학적으로 처음 구분한 인물입니다. 그는 식생, 즉 일정한 지역에 서식하는 식물의 집단 분포를 바탕으로 기후 지역을 나누었으며, 특히 기온과 강수량, 이 두 가지 기후 요소가 농업 활동, 인간의 정착 생활, 그리고 식물 생태계에 어떤 영향을 미치는지를 종합적으로 고려하여 세계의 기후 지역을 체계적으로 분류하였습니다. 이처럼 기후 지역은 연평균 기온과 강수

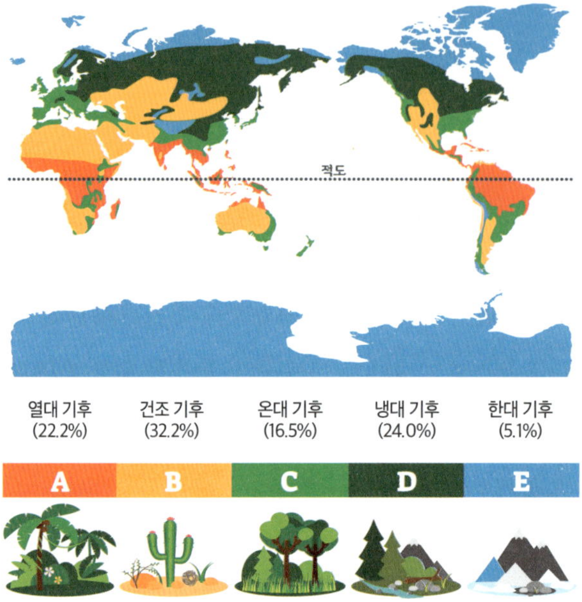

▲ 세계의 기후 환경

량의 특징이 비슷한 지역을 말하며, 그 지역에 나타나는 식생의 분포와 밀접하게 연결되어 있습니다.

이제부터 쾨펜의 기후 구분에 따라 세계 각 지역의 기후 유형과 특징을 더 구체적으로 살펴봅시다.

◀ 블라디미르 페터 쾨펜(1846~1940년)

열대 기후

열대 기후는 일반적으로 연평균 기온 18°C 이상으로 연중 기온이 높고 습한 기후입니다. 주로 적도 주변에서 나타나며 연중 고온이면서 계절 간 기온의 변화가 크지 않아요. 그런데 비가 많이 내리는 시기인 우기와 비가 거의 내리지 않는 시기인 건기가 뚜렷하게 구분되어 나타나는 지역도 있습니다. 즉, 어떤 지역은 1년 내내 다습한 날씨가 지속되고, 어떤 지역은 비가 집중적으로 내리는 시기(우기)와 비가 거의 내리지 않는 시기(건기)가 반복되며 나타나기도 합니다.

1년 내내 비가 많이 내리는 곳에는 나무들이 무성하게 자라서 밀림이 형성됩니다. 이러한 곳을 일반적으로 열대 우림 기후 지역이라고 합니다. 이곳에는 원숭이, 뱀, 여러 종류의 새, 악어 등의 다양한 동물이 서식하고 식물이 자생하고 있어요. 비가 많이 내리고 숲이 우거진 이 지역의

▼ 싱가포르와 다르에스살렘의 기후 그래프

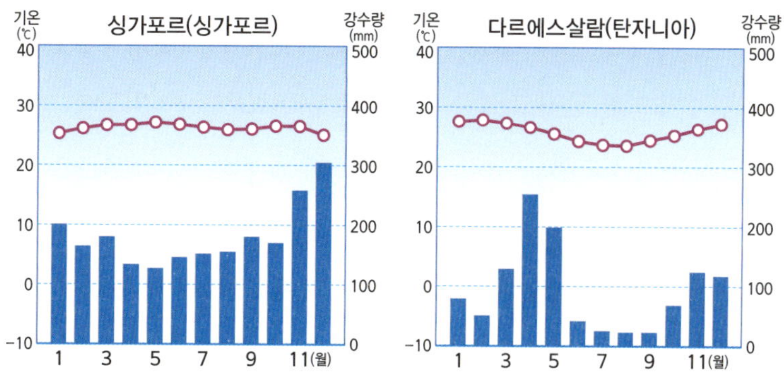

▲ 열대 우림 기후 지역

기후 환경에 적응하는 생물들의 서식지 역할을 하고 있어요. 우리나라에서 볼 수 없는 동식물이 많이 있답니다. 다양한 생물의 서식처로서 생물자원의 보물창고라고 할 수 있어요. 적도를 따라서 세계의 열대 우림 지역을 살펴볼까요? 아마존강 유역, 아프리카 콩고강 유역, 동남아시아의 보르네오섬을 중심으로 열대 밀림 지역을 찾아볼 수 있어요. 열대 밀림은 매년 세계에서 배출되는 이산화탄소의 상당한 양을 흡수하는 역할도 한다고 해요. 오늘날 지구온난화 문제를 해결하는 데도 도움을 얻을 수 있는 환경이랍니다.

열대 기후 지역에서는 집을 지을 때 땅에서 띄워진 형태로 집을 짓는답니다. 공기가 잘 통하고, 홍수와 동물로부터 보호할 수 있도록 그렇게 높게 집을 지었다고 해요. 그리고 뜨거운 지열을 피할 수도 있답니다.

하지만 열대 지역에 밀림만 있는 것은 아닙니다. 건기와 우기가 있는 지역에서는 울창한 밀림 대신 초원이 형성되기도 합니다. 이러한 지역을 열대 초원 기후 지역이라고 합니다. 초원은 큰 나무들이 빽빽하게 들어선

▲ 열대 초원 기후 지역

밀림과는 달리 나무는 드물게 자라며 긴 풀이 넓게 펼쳐져 있는 모습이 특징입니다. 그래서 동물들이 먹이 활동을 하기에 좋은 환경이지요. 이곳의 풀과 나무들은 부족한 강수량을 보충하기 위해서 토양에 깊숙하게 뿌리를 내리며 흙에서 가능한 많은 수분을 흡수하려고 한다고 해요.

고온의 기후 환경과 건기의 풍부한 햇빛을 활용하여 커피, 사탕수수, 강황, 후추 등을 재배하기도 하고 목축업을 하기도 합니다. 지구촌의 많은 사람이 즐겨 먹는 초콜릿의 원료인 카카오, 그리고 커피, 망고, 바나나 등은 모두 열대 기후 지역에서 생산될 수 있는 농산물들입니다. 그런데 최근 기후 변화로 인해 건조한 시기가 더 길어져서 강수량 부족 문제가 더 심각해지고 있다고 해요.

열대 기후 지역의 풍경을 상상해 봅시다. 열대 기후 지역을 여행한다면 무엇을 보고 싶은가요?

온대 기후

온대 기후는 우리가 매년 경험하고 있는 기후입니다. 중위도 지역에서 비교적 뚜렷하게 나타나는 기후이며, 봄, 여름, 가을, 겨울의 사계절 변화가 비슷하게 나타나는 것이 특징입니다. 계절에 따라 날씨가 달라지고 그에 따라 사람들의 생활도 달라집니다. 그래서 계절에 따른 의식주 생활과 여가 생활 등 사람들의 생활 방식도 다양하게 나타납니다. 기후 환경에 따른 사람들의 환경에 적응하는 방식이지요.

사람들의 생활만 그럴까요? 자연의 모습도 달라집니다. 식물은 계절마다 다르게 자라며, 꽃이 피고 지거나 나뭇잎의 색이 변하는 모습을 볼 수 있어요. 그래서 온대 기후 지역에서는 계절마다 다양한 풍경을 볼 수 있습니다. 특히, 가을이 되면 나뭇잎이 떨어지는데, 이 낙엽은 땅을 비옥하게 만들어서 식물이 잘 자랄 수 있도록 도와준답니다. 동물들도 계절에 따라 살아가는 방법이 달라요. 봄, 여름, 가을에는 밖에서 활발하게 활동하지만, 추운 겨울에는 땅속에서 겨울잠을 자며 겨울을 나기도 해요. 이처럼 동물들도 계절에 맞춰 환경에 적응하며 살아가고 있는 것이랍니다.

온대 기후 지역은 다른 기후 지역에서보다 계절의 변화가 뚜렷해서 사람과 동물, 자연환경이 모두 계절에 따라 적응, 변화하면서 독특한 모습을 보여 주는 곳이에요. 온대 기후 지역을 좀 더 들여다볼까요? 온대 기후에 해당하지만, 지리적 위치에 따라서 다소 다른 기후적 특성이 나타나는 온대 기후의 유형들을 중심으로 살펴봅시다.

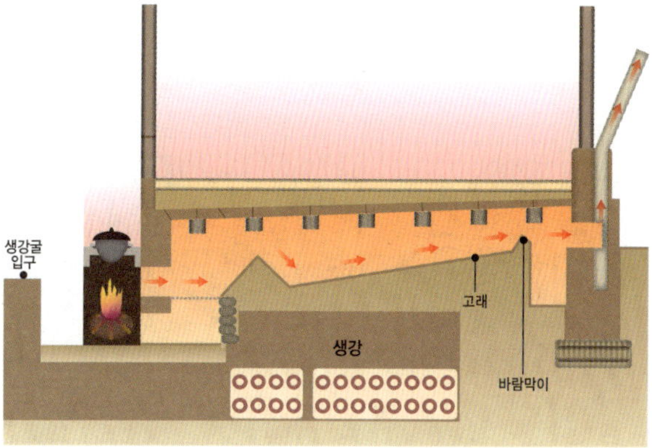

▲ 완주군 봉동면의 생강굴. 아열대 작물인 생강을 한국의 추운 겨울에도 얼지 않도록 보존하기 위해 만든 저장시설이다.

먼저, 온대 계절풍 기후가 있습니다. 우리나라를 비롯하여 중국 남부, 일본 등 아시아 대륙의 동부에서 주로 나타나는 기후입니다. 계절풍의 영향을 크게 받는 지역의 기후로 우리나라는 여름에는 남서 계절풍, 남동 계절풍의 영향으로 고온 다습한 기후적 특성이 나타나며, 겨울에는 북서 계절풍의 영향으로 한랭 건조한 기후 환경이 나타납니다. 여름의 고온 다습한 기후로 일찍이 벼농사가 발달했으며 이로 인해 오늘날까지 밥을 주식으로 하는 음식 문화와 벼농사와 관련된 세시풍속, 민속놀이 등의 전통문화가 발달해 왔습니다. 겨울에는 추운 기후를 극복하기 위해 온돌방과 같은 난방 시설, 김장 문화, 저장 음식, 토종 씨앗의 보관 문화 등이 발달했습니다. 저장 문화의 예로 완주군 봉동면의 생강굴이 있습니다. 추위에 약한 생강이 얼지 않도록 보존하기 위해 만든 저장 시설입니다. 이 생강굴은 우리나라 전통의 난방 방식인 온돌을 활용하였습니다. 이러한 조상들의 지혜를 후손들에게 물려주기 위해서 생강굴을 국가중요농업유산으로 지정하여 보존하고 있습니다. 한국, 중국, 일본에서 계절풍 기후 환경과 관련하여 발달한 전통문화들을 더 찾아봅시다.

다음으로 서안 해양성 기후에 대해 살펴봅시다. 서안 해양성 기후는 유라시아 대륙 서부에서 주로 볼 수 있는 기후 환경이며 연중 대서양 난

▲ 온대 기후 지역(좌 : 밀농사, 우 : 올리브 농장)

류(따뜻한 바닷물)와 편서풍(대서양 쪽에서 유럽으로 부는 바람)의 영향으로 따뜻한 날씨와 비가 자주 내리는 현상이 나타납니다. 이러한 기후 환경에서 유럽인들이 재배하여 음식으로 활용했던 것이 밀, 호밀, 감자 등이었다고 해요. 목축업도 이러한 기후 환경에 발달한 주요한 산업이랍니다. 유럽에서 흔히 볼 수 있었던 음식문화와 넓은 들판의 풍경을 이해하는 데 도움이 되었나요?

이제 지중해 연안으로 가볼까요? 지중해를 사이에 두고 유럽과 아프리카가 있습니다. 지중해 주변에는 여름에는 고온 건조, 겨울에는 온난다습한 기후 환경이 많이 나타납니다. 이를 지중해성 기후라고 합니다. 여름의 고온 건조한 기후 환경에서 재배할 수 있는 올리브, 오렌지, 포도, 레몬 등이 이 지역에서 많이 생산되는 이유입니다. 우리나라 사람들이 주로 참기름, 들기름을 이용한다면 유럽인들은 주로 올리브유를 많이 이용하고 올리브유를 사용한 음식문화를 만들어 낸 이유를 여기에서 찾아볼 수 있어요.

온대 기후 지역의 특산물을 찾아 봅시다. 그리고 기후 환경과의 관계성을 살펴봅시다.

냉대 기후

냉대 기후는 온대 기후보다 더 북쪽 지역에서 나타나는 기후로, 긴 겨울과 짧은 여름이 뚜렷한 특징을 보입니다. 겨울은 매우 춥고 길지만, 여름은 비교적 따뜻합니다. 1년 내내 기온이 낮고 강수량이 많지 않아 눈이 오래 쌓여 있는 풍경을 자주 볼 수 있습니다.

이 지역에서는 추운 날씨를 견딜 수 있는 식물들이 자라며, 겨울의 한랭건조한 기후와 짧은 봄·여름·가을의 따뜻한 시기에 적응한 생태환경

▼ 냉대 기후 지역(침엽수림 풍경)

이 형성되어 있습니다. 특히, 소나무, 전나무, 가문비나무와 같은 침엽수림이 넓게 분포하는데, 이 나무들은 바늘잎을 가지고 있어 증산으로 인한 수분 손실을 줄이며 긴 겨울을 견딜 수 있습니다.

또한, 냉대 기후 지역에서는 강수량이 적고 서늘한 기온에서도 자랄 수 있는 밀, 옥수수, 감자 등의 작물이 재배됩니다. 여름이 짧다고 해서 없는 것은 아니며, 여름과 겨울의 기온 차가 큰 연교차가 나타나는 것도 이 기후의 중요한 특징입니다. 이러한 자연환경 속에서 사람들은 혹독한 겨울을 견디며 계절의 변화에 맞춘 생활과 농업을 이어가고 있습니다.

냉대 기후가 전형적으로 나타나는 지역으로는 러시아의 시베리아, 북아메리카의 캐나다, 유럽의 스웨덴, 노르웨이, 핀란드가 있는 스칸디나비아반도, 그리고 한반도의 북부 지방, 일본의 홋카이도 등이 있습니다. 남반구보다는 북반구에 주로 나타납니다. 오늘날 기후 변화의 영향으로 냉대 기후 지역에서도 재배할 수 있는 농작물에 변화가 나타나고 있습니다. 예전에는 서늘한 기후에 알맞은 작물이 주로 재배되었지만, 점점 따뜻해지는 기후로 인해 이제는 더 온난한 지역에서 자라는 작물로 바꾸어 재배해야 할 필요가 생기고 있습니다.

지도를 활용하여 냉대 기후 지역을 찾아봅시다. 냉대 기후 지역 사람들의 생활모습을 더 찾고, 기후 환경과 관련성을 탐구해 봅시다.

한대 기후

한대 기후 지역은 1년의 대부분이 0°C 이하의 몹시 추운 날씨가 나타나는 곳입니다. 그래서 이곳을 '1년 내내 얼어 있는 평원'이라는 뜻의 툰드라 지역이라고 부르기도 합니다. 이 지역은 1년 내내 얼음으로 덮여 있기 때문에 큰 나무는 자라기 어렵습니다. 대신, 추위에 강한 이끼나 지의류처럼 작고 단단한 식물들이 주로 자라며, 혹독한 환경 속에서도 생명을 이어 가고 있습니다. 동물들도 이 추운 환경에 적응할 수 있는 동물들, 즉 북극곰, 순록, 펭귄, 물개 등이 주로 서식하고 있어요. 이처럼 한대 기후 지역은 혹독한 환경 속에서도 생명이 적응하며 살아가는 특별한 자연의 공간이라고 할 수 있어요.

지구상의 한대 기후 지역으로는 시베리아 북부, 미국의 알래스카 북부,

▼ 한대 기후 지역

그린란드 등의 북극해 주변과 남극 대륙이 있습니다. 오늘날에는 지구 온난화로 인해 기온이 상승하여 그린란드의 여름이 영상 10°C 이상일 때도 있다고 해요. 남극 대륙에서도 마찬가지로 과거에 비해 높은 기온이 자주 나타나고 있답니다. 그래서 남극과 북극해 주변의 얼음이 점점 녹고 있는 모습이 여러 곳에서 관찰되고 있답니다.

영상의 기온으로 인해 빙하가 녹으면 이 지역에 어떤 환경의 변화가 나타날 수 있는지 상상해 봅시다.

더 알아보기

최근 세계는 왜 그린란드에 주목할까?

▲ 그린란드의 위치와 빙하

그린란드를 지도에서 찾아볼까요? 그린란드는 섬일까요? 대륙일까요? 국제사회에서는 그린란드를 세계의 가장 큰 섬으로 규정했습니다. 그래서 그린란드보다 더 큰 섬은 '대륙'이라고 부르기로 했어요.

그린란드는 영어로 'Green Land'입니다. 해석하면 '초록의 땅'이지요. 그런데 그린란드를 지도에서 찾아보면, 북극해 주변의 한대 기후 지역에 있어서 영하 69℃까지도 떨어지는, 국토 대부분이 하얀 얼음으로 뒤덮여 있는 '얼음섬'이라고 할 수 있어요. 그린란드라는 이름에는 사람들이 경작하면서 살아갈 수 있는 땅이기를 바라는 사람들의 소망이 담겨 있다고 해요.

최근 북극 일대의 빙하가 녹으면서 새로운 항로 개발의 가능성이 커지고 있습니다. 북극해의 북극 항로를 이용하면 항로의 길이와 시간을 대폭 줄일 수 있습니다. 그리고 그린란드에는 다이아몬드, 루비와 같은 보석은 물론, 희토류 등의 자원도 묻혀 있는 것으로 알려졌습니다. 그래서 많은 나라에서 그린란드에 관심을 두고 있답니다. 그런데 최근 기후 변화로 빙하가 빠르게 녹으면서 그동안 얼음 아래에 가려져 있던 자원 개발 가능성이 높아지고 있어 국제적인 경쟁과 환경 보전 논의가 동시에 이루어지고 있습니다.

또한, 녹는 빙하로 인해 새로운 해상 운항 경로가 열릴 가능성도 커지면서 북극 지역의 전략적 중요성이 더욱 높아지고 있어요. 그러나 무분별한 자원 채굴과 해상 운송 확대는 북극 생태계 파괴와 해수면 상승을 가속화할 수 있기 때문에, 그린란드를 둘러싼 개발과 보존의 균형이 앞으로 중요한 과제가 되고 있습니다.

건조 기후

건조 기후는 주로 강수량보다 증발량이 많은 곳에서 나타납니다. 그래서 습도가 낮고 건조한 환경이 특징입니다. 지구상에 건조 기후는 생각보다 넓게 분포되어 있습니다. 지구 육지 면적의 약 3분의 1 정도가 건조 기후 지역에 해당하며, 대부분이 적도를 기준으로 남·북위 30° 주변에 분포합니다. 건조 기후는 연평균 강수량이 250mm 미만으로 강수량이 지극히 적고 건조한 '사막 기후'와 연평균 강수량이 250~500mm 정도로 초원이 형성될 수 있는 '초원 기후'로 구분하기도 합니다. 건조 기후가 나타나는 사막 지역으로는 아프리카의 사하라사막, 칼라하리사막, 북아메리카의 콜로라도사막, 남아메리카 서부의 아타카마사막, 오스트레일리아 서부의 그레이트빅토리아사막, 서남아시아의 아라비아반도에 있는 룹알할리사막, 중국의 서부 내륙에 있는 타클라마칸사막, 고비사막 등이 대표적이에요. 그리고 일반적으로 사막의 주변에 초원기후가 나타납니다.

▼ 건조 기후 지역

▲ 건조 기후 지역

건조 기후 지역에서 물을 많이 필요로 하는 인간과 생물이 공존하기 위해서는 큰 노력이 필요합니다. 사람들은 사막에 있는 오아시스를 찾아서 주변에 마을을 이루고 오아시스의 물을 활용하여 소규모로 농작물을 재배하기도 해요. 그리고 건조 기후 지역은 낮과 밤의 기온 차이가 크고 강수량이 적기 때문에 다른 기후 지역과 특별히 다른 생활 모습이 발달할 수 있었어요. 그래서 이색적인 경관을 많이 볼 수 있는 곳입니다. 그런데 최근 기후 변화로 인해 이러한 건조 기후 지역에도 많은 비가 내리는 경우가 있어요. 많은 강수량에 대한 대비가 되어 있지 않은 곳이기 때문에 비가 많이 내리면 바로 홍수로 이어지기도 합니다. 기후 변화에의 대비가 필요합니다.

▲ 건조 기후 지역의 동물

건조 기후는 동물과 식물의 성장과 발달을 방해할 정도로 물이 심각하게 부족합니다. 그래서 이 지역에 사는 식물과 동물은 이 혹독한 환경에서 살아남기 위해 독특한 적응력을 가지고 있습니다. 언제 물을 얻을 수 있을지 모르기 때문에 식물의 뿌리는 아주 깊게 내리거나 옆으로 넓게 퍼져 있습니다. 뜨거운 햇볕으로부터 수분이 증발하는 것을 막기 위해 잎은 가시 형태를 하고 있습니다. 식물들은 줄기에 물을 저장하여 최소한의 물로 살아남도록 적응했습니다.

더 알아보기

남극이 사막이라고?

덥고 건조한 사하라사막처럼 열대 사막 이외에도, 춥고 건조한 사막이 있습니다. 이를 한랭사막이라 해요. 위도 40도 부근은 중위도 사막 그리고 남극과 같이 춥고 건조한 곳은 한랭사막이라고 해요. 한랭사막인 남극은 사하라보다도 2배나 넓어 지구상에서 가장 넓은 사막이라 할 수 있는데요. 일부 해변은 연평균 강수량이 200mm 정도 되지만 내륙으로 들어갈수록 비나 눈이 전혀 내리지 않는다고 해요.

동물들도 물이 부족한 환경에 적응해야 합니다. 사막여우, 낙타와 같은 일부 종은 오랫동안 물을 마시지 않고도 버틸 수 있고, 수분을 많이 함유한 식물 뿌리를 먹으면서 수분을 보충하기도 한다고 해요. 또한 낮 동안의 강한 열기를 피하고 밤에 활동하는 야행성 생활 방식, 체내 수분 손실을 최소화하는 신진대사 구조 등은 건조 지역에서 생존하기 위한 대표적 적응 사례입니다. 이처럼 건조기후 지역은 강수량이 적고 증발량이 많아 생활 환경이 매우 제한적이지만, 식물과 동물은 각각 뿌리 구조 변화, 잎의 축소, 체온 조절 방식 변화 등을 통해 독특한 생태계를 형성하고 있답니다.

➡ 아래의 세계 기후 지도에 각 기후 지역에서 볼 수 있는 동물, 식물, 사람들의 생활 모습을 찾아 그림지도로 표현해 봅시다.

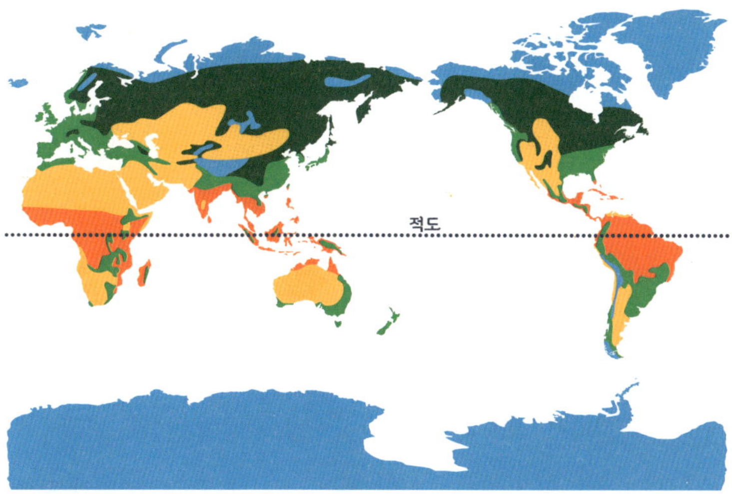

기후 변화는 사람들의 삶의 환경을 어떻게 변화시킬 수 있을까요?

봄, 여름, 가을, 겨울의 계절마다 사람들이 입는 옷, 많이 먹는 음식, 여가 활동 등이 다릅니다. 계절에 따라 체온 유지에 적합한 옷을 입고, 계절별로 생산할 수 있는 농작물을 활용해서 음식을 만들고, 계절에 적절한 여가생활을 즐기기 때문이지요. 이렇게 사람들은 기후에 따라서 여러 가지 문화와 생활방식을 만들고 있어요. 그런데 요즘 뉴스를 통해서 지구의 기온이 상승하고 있어서 과거에 겪어 보지 못했던 가뭄, 폭우, 홍수, 급격한 기온변화 등이 자주 잘생하고 있다는 사실을 확인하고 있습니다. 건조 기후 지역에 폭우가 내리고, 한대 기후 지역의 여름 기온이 영상 10℃를 넘는 날이 많아지고, 시베리아 등의 냉대 기후 지역의 여름 기온이 40℃에 이르는 등 그간의 날씨와 다른 현상들이 나타나고 있습니다. 우리나라에서도 매년 봄꽃의 개화 시기가 빨라지고 있고 폭염, 폭설, 폭우 등이 나타나고 있지요.

이러한 사실은 기후가 변화하고 있다는 것을 말해 줍니다. 기후변화는 오랜 기간에 걸쳐서 나타나는 평균적인 기후 패턴이 변화하는 현상을 말하는데, 기후 변화의 요인에는 화산 폭발, 태양에너지의 변화와 같은 자연적인 요인도 있지만, 지구상에서 사람들이 하는 여러 가지 활동에 따라 대기 중 온실가스 증가 등의 인위적 요인이 큰 영향을 미치고 있답니다.

▲기상이변으로 발생한 홍수(2023년 독일)

기후 변화는 지구의 자연과 생물, 그리고 사람들의 생활에 큰 영향을 주고 있어요. 예를 들어, 더운 날씨가 길어지고 추운 날이 짧아지면서 계절의 변화가 예전과 달라지고 있습니다. 또 어떤 지역은 비가 너무 많이 내려 홍수가 자주 일어나고, 다른 지역은 비가 거의 오지 않아 가뭄이 심해지고 있습니다. 이렇게 날씨가 달라지면 농작물 재배 시기가 바뀌거나 수확량이 줄어들 수 있고, 동식물의 서식지도 점점 변하게 됩니다. 사람들의 의식주 생활과 일상의 생활도 영향을 받게 되지요. 에너지 사용이나 생활 방식에서 탄소 배출 줄이기 등 기후변화를 극복할 수 있는 변화된 생각과 행동이 필요해지고 있습니다. 그래서 전 세계 사람들은 기후 변화를 극복하기 위한 노력을 하고 있어요. 에너지를 아껴 쓰고, 나무를 심고,

재활용을 실천하는 일 등은 모두 중요한 행동이랍니다.

기후가 변화하면 동식물의 서식지는 어떻게 될까요? 그리고 쌀, 밀, 옥수수, 과일 등을 그대로 계속 경작할 수 있을까요? 바다의 물고기와 해조류는 그대로 서식할 수 있을까요? 여러분의 지역사회에서는 어떤 변화가 나타나고 있는지 살펴봅시다.

더 알아보기

기후 변화에 사과 재배지·품종도 바뀐다

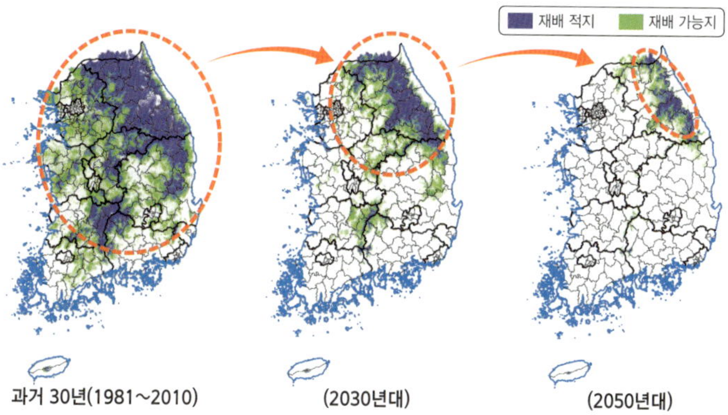

▲ 사과 재배지 변동 예측 지도(자료 : 농촌진흥청·농협빅데이터플랫폼, 출처 : 전자신문, 2024년 12월 2일 자)

기후 변화에 따라 사과 재배지와 사과 품종에도 변화가 나타나고 있다. 최대 생산지역인 경상북도의 재배 농가 수는 감소하고 있는 반면에 강원도 지역은 13년간 재배 면적이 약 7배 정도 증가한 것으로 나타났다. 또한, 전통적인 대표 품종인 '후지' 사과의 점유율이 줄어들고 있지만, 개량 품종이 꾸준히 증가하고 있다. 그래서 사과 재배 농가의 품종 개발과 작물 전환 등에 대한 지원을 늘려야 할 필요가 커졌다.

제 6 장

우리나라와 관계 깊은 세계

우리는 '글로벌 사회'에서 살고 있습니다. 글로벌 사회는 개인, 지역, 국가의 경제 활동 및 문화 교류가 전 세계를 대상으로 이뤄지는 사회입니다. 그래서 세계 대부분 국가는 우리나라와 관계를 맺고 있는 곳이라고 할 수 있어요. 6장에서는 대륙별로 각 지역의 자연환경과 생활 모습을 살펴볼 거에요. 이제 세계지도를 펼쳐 주세요. 여러분은 우리나라와 관계 깊은 국가들을 말한다면 어떤 국가들을 선택할까요?

우리나라와 지리적으로 가까운 곳, 아시아

아시아의 지도를 펼쳐봅시다. 우리나라를 기준으로 북쪽에 러시아, 북서쪽에 몽골, 서쪽과 북쪽에 중국, 동쪽에 일본이 있습니다. 이 국가들을 포함해서 동부 아시아라고 해요. 더 멀리 봅시다. 카자흐스탄, 이란, 이라크, 사우디아라비아, 이스라엘, 튀르키예 등을 포함한 서남아시아가 있고, 인도와 파키스탄, 스리랑카, 방글라데시 등의 남부아시아, 필리핀, 타이, 베트남, 싱가포르, 인도네시아, 말레이시아, 브루나이 등의 동남아시아가 있습니다. 모두 아시아 대륙에 포함된 곳이지요.

▼ 아시아의 각 나라들

아시아는 다른 대륙에 비해 넓은 면적에서 많은 사람이 살고 있는 곳입니다. 지구 면적의 약 30%를 차지하며, 세계 인구의 60% 정도가 살고 있어요. 그만큼 다양한 자연환경 안에서 다양한 사람들이 살아가면서 다양한 문화를 창조한 곳이라고 할 수 있어요. 이제, 아시아에 대해 살펴봅시다.

아시아의 자연환경

면적이 넓은 만큼 아시아는 세계에서 가장 다양성이 높은 지역이라고 할 수 있습니다. 사람들의 다양성뿐 아니라 기후, 지형, 생태환경의 다양성이 있는 곳입니다. 기후는 열대 기후에서 한대 기후 그리고 건조 기후에 이르기까지 다양하게 나타나고 있습니다. 지형에서도 세계에서 가장 높은 산지로 알려진 에베레스트산이 있는 히말라야산맥이 있고, 높은 히말라야산맥에서 형성된 황허, 양쯔강, 인더스강, 갠지스강, 메콩강 등이 있습니다. 이외에도 고대 문명이 발생했던 곳으로 알려진 티그리스강, 유프라테스강도 아시아에 있습니다. '세계의 지붕'이라고 일컬어지고 있는 티베트 고원, 히말라야산맥이 만들어 낸 히말라야산맥의 북쪽에 발달한 타클라마칸사막, 고비사막, 세계에서 가장 깊은 호수로 알려진 바이칼호 등도 있어요.

아시아의 지형들을 지도에서 찾아 아시아 그림지도를 만들어 봅시다.

▶ 에베레스트산, 히말라야산맥, 인더스강, 갠지스강, 티그리스강, 유프라테스강, 메콩강, 황허, 양쯔강, 타클라마칸사막, 고비사막, 페르시아만, 홍해, 바이칼호, 보르네오섬 등 이외 지형 더 찾아서 아시아 그림지도를 만들어 봅시다.

아시아 지역과의 교류

중국, 일본은 우리나라와 지리적으로 가까운 곳에 자리한 국가들이며 이미 삼국 시대 이전부터 우리나라와 교류를 해 왔던 곳입니다. 우리나라

▲ 일본 호류사의 금당벽화(담징 작)

의 역사에 많은 영향을 끼친 나라들이기도 하지요. 고구려, 백제, 신라의 삼국, 고려, 조선에 이르기까지 중국, 일본과는 사람들의 왕래와 이에 따른 문화적 교류가 많았답니다. 예를 들어, 신라 시대에 장보고는 완도에 청해진을 설치하고 신라, 중국의 당, 일본 간 해상 무역을 주도하면서 여러 가지 문물 교류에 영향을 주었답니다. 삼국 시대 때 일본의 호류사에 금당벽화를 그린 것으로 알려진 고구려의 승려 담징은 그림과 종이, 먹의 제조법 등을 일본에 전파하였다고 해요. 지금도 일본의 호류사에 가면 담징이

▼ 청해진의 외성문과 내성문

그렸다고 알려진 금당벽화를 볼 수 있어요.

이러한 교류는 지금도 이뤄지고 있습니다. 중국과 일본에는 많은 우리의 동포가 살고 있고, 매일 운행되는 비행기의 편수에서 알 수 있듯이 세계 어떤 국가에 비해 많은 사람이 왕래하고 있답니다. 이에 따라서 문화, 경제 교류 등의 교류도 상상해 볼 수 있겠죠? 그런데 이러한 상호교류를 지속하기 위해서는 늘 우호적이고 평화로운 관계를 만들어 가야 하는 과제가 있답니다. 그래서 우리는 이러한 국가들에 대해 더 관심을 두고 평화적 관계를 유지하기 위해 노력하고 준비할 필요가 있습니다.

사우디아라비아 반도와 주변에 있는 서남아시아 지역과의 교류는 고려 시대 이슬람 상인들과의 교류를 통해서 많이 행해졌어요. 이슬람 상인들은 고려의 주요 항구였던 현재의 황해도에 있는 벽란도 항구를 통하여 당시 고려와 문물 교류를 했던 역사를 갖고 있습니다. 이후 우리나라는 산업화 과정에서 이 지역에서 석유 등 에너지 자원을 수입하고 각종 건설

2023년 연간 탑승통계 인기 Top5

단위=회, 석, 명, %

순위	국가	운항횟수	공급좌석	여객계	탑승률	탑승률 성장률
1	일본	74,592	15,471,196	13,501,208	86.9	15.2%p
2	베트남	39,644	8,436,949	6,874,921	81.0	5.2%p
3	미국	33,825	7,306,549	6,415,337	87.3	12%p
4	중국	47,803	8,249,851	5,233,117	63.2	-0.9%p
5	태국	14,983	4,221,408	3,564,270	84.2	5.8%p

출처=한국공항공사 '2023년 항공통계' ※탑승률 성장률은 2022년 대비 성장률

사업, 자동차, 화학제품 등을 수출하고 있지요. 이외 문화 교류, 관광 교류, 사람들의 교류 등이 이뤄지고 있어요. 최근에는 한국의 K-컬처, 의료산업, 화장품 그리고 교육 등으로 폭넓게 교류가 확대되고 있답니다.

남부아시아와 동남아시아 지역과는 최근에 더 적극적으로 교류하고 있어요. 국제 결혼, 노동, 학업, 연구, 기타 여러 가지 경제활동을 목적으로 이 지역의 많은 사람들이 한국에 들어와서 생활하고 있습니다. 또한 한국의 기업이 이 지역으로 진출하여 생산활동을 하고 있으며, 관광, 학업, 기타 여러 가지 목적으로 이주하는 사람들이 많이 있습니다. 그리고 이 지역은 열대 기후가 주로 나타나는 지역이기 때문에 우리나라에서 생산할 수 없는 향신료, 열대 과일, 기타 식재료 등 열대 기후 지역에서 주로 생산할 수 있는 생산물을 이 지역에서 수입하여 사용하고 있습니다. 그만큼 음식 문화를 비롯하여 우리의 생활에 많은 영향을 주고 있다고 할 수 있지요.

아시아는 우리나라와 지리적으로 가까워 다른 지역보다 교류가 활발하게 이루어질 가능성이 큽니다. 또한 여러 나라가 우리나라와 다른 기후 환경을 가지고 있어, 국내에서 생산하기 어려운 다양한 자원을 수입할 수 있는 중요한 지역이기도 합니다. 이러한 아시아 지역에 지속적인 관심을 가지고 서로를 이해해 간다면, 물리적 거리뿐 아니라 마음의 거리도 가까워지며 상호 의존과 협력을 통해 함께 발전할 수 있을 것입니다.

➡ 우리나라와 주변 아시아 지역과의 교류 사례로는 무엇이 더 있을까요? 여러분들이 알고 있는 교류 사례들을 생각해서 말해 봅시다.

우리가 서양이라고 말하는 곳, 유럽

우리는 세계를 말할 때, 동양과 서양으로 구분해서 표현하는 경우가 많아요. 동양은 아시아, 서양은 유럽, 아메리카, 오세아니아를 두루 포함하지요. 그중에서도 유럽은 서양의 대명사로 인식되어 있습니다. 인류의 진화 역사에서 유럽에서는 과거에 호모 네안데르탈렌시스(네안데르탈인)와 초기 현생 인류인 크로마뇽인이 살았던 흔적이 네덜란드, 프랑스, 스

▼ 유럽의 각 나라와 지형

페인 등에서 발견되었습니다. 이처럼 유럽은 아주 오래전부터 인류가 살아온 지역입니다.

오랜 인류의 거주지 역사를 지닌 만큼 문화도 발달했습니다. 세계에 끼친 영향도 컸습니다. 그리스와 로마의 문화 발달, 유럽인들의 신항로 개척, 독일의 종교개혁과 신교의 발달, 프랑스의 시민혁명과 자유, 평등의 정신, 영국의 산업혁명은 오늘날 세계의 문화 발달과 사람들의 생활에 큰 영향을 주었습니다. 최근에는 유럽 연합(EU)의 결성으로 새로운 형태의 모습을 보여 주고 있습니다. 유럽을 더 구체적으로 살펴봅시다. 유럽의 지도를 펼쳐 주세요. 유럽 여행을 떠나 봅시다.

유럽의 자연환경

유럽은 북쪽으로는 북극해, 서쪽으로는 대서양, 남쪽으로는 지중해로 둘러싸여 있습니다. 그런데 동쪽의 경계는 다릅니다. 유럽과 아시아 사이에 뚜렷한 경계가 없지만 지리적으로 우랄산맥, 우랄강, 카스피해, 캅카스산맥, 흑해, 보스포루스해협을 경계로 아시아와 구분해서 말하기도 합니다.

유럽은 유라시아 대륙 서쪽에 있어요. 스칸디나비아반도, 이베리아반도, 이탈리아반도, 발칸반도 등 크고 작은 여러 개의 반도 지형들이 있고 아이슬란드, 아일랜드, 영국 등 대륙 주변의 여러 섬으로 이루어져 있어요. 스위스, 오스트리아, 룩셈부르크, 체코, 슬로바키아, 헝가리, 북마케도

니아, 벨라루스 등 8개 나라는 내륙국으로 바다에 접해 있지 않지만, 이외의 나라들은 대서양, 지중해, 발트해 등의 큰 바다에 접해 있어요. 그래서 유럽인에게 바다는 일찍부터 대외 진출을 위한 활동의 무대였어요. 고대 그리스와 로마 시대부터 유럽인들이 세계 곳곳으로 진출할 수 있었던 것도 바다와 인접해 있는 지리적 환경의 영향이었어요. 다음에서는 유럽을 크게 북부, 중부, 남부로 나누어 살펴보려고 해요.

유럽의 북부는 스칸디나비아반도를 중심으로 스칸디나비아산맥이 남북으로 길게 뻗어 있고, 과거 빙하의 영향으로 빙하가 있던 곳이 녹으면서 U자 모양의 계곡이라고 할 수 있는 피오르, 빙하호 등이 많이 형성되어 있어요. 유럽의 북부 지역을 보여 주는 위성 지도를 보면, 내륙에 물이

▼ 스칸디나비아반도의 노르웨이 베르겐. 옛 노르웨이 수도이자 중세 이후 해상 무역의 중심지이다.

▲ 노르웨이 요툰헤임 국립공원의 빙하호

고여 있는 호수를 많이 볼 수 있는데 대부분이 빙하호입니다.

유럽 중부에는 넓은 평야 지대로 인구가 밀집되어 있습니다. 유럽의 지형적 특색이라고 할 수 있습니다. 유럽은 평균 해발 고도가 345m로 아시아의 960m보다 훨씬 낮고, 200m 이하의 평지가 전체의 1/2 이상을 차지하고 있어요. 넓은 평야를 이용해서 일찍이 밭농사와 목축업을 했습니다. 여러분이 알고 있는 유럽의 주요 음식으로 밀가루로 만든 빵, 호밀로 만든 빵, 감자튀김, 그리고 소시지, 햄, 버터, 치즈, 스테이크 등은 이러한 자연환경과 밀접하게 관련되어 있습니다. 중서부 유럽은 온대 기후 중 하나인 서안해양성 기후로 위도가 비슷한 우리나라와 비교했을 때 겨울은 온화하고 여름은 서늘한 것이 특징입니다. 연중 고르게 내리는 비와 1년 내내 온화한 기후 덕분에 겨울에도 푸른 잔디가 자랍니다. 이러한 이유로 축구, 골프, 승마, 폴로 등 잔디를 이용한 스포츠의 발달에 영향을 미치기도 했답니다.

유럽 남부 지중해 연안 지역은 평야 면적이 넓지만, 알프스산맥을 중심

▲ 스페인 마요르카의 포도밭

으로 해발 고도 4,000m에 이르는 높은 산맥이 유럽의 남부를 동서로 펼쳐져 있고, 이베리아·이탈리아·발칸의 세 반도에는 평야보다 산지가 더 많아서 남부 유럽의 여러 나라에서 산업의 근대화가 늦어진 원인이 되기도 했어요. 다른 지역에 비해 산지가 많고, 건조하고 더운 여름과 강수량이 비교적 많고 온난한 겨울이 구분되는 지중해성 기후가 나타납니다. 맑은 날이 많고, 여름의 고온건조한 기후 환경의 영향으로 올리브, 오렌지, 레몬, 포도 등을 풍부하게 농산물을 생산하고 있습니다.

유럽과의 교류

유럽의 오랜 역사만큼이나 우리나라와의 교류는 역사적으로 여러 시기에 걸쳐서 다양한 형태로 이뤄져 왔습니다. 경제, 문화, 교육, 종교, 그리고 기술 협력에 이르기까지 광범위하게 이루어지고 있습니다.

조선 후기에는 서양의 천문학이나 지리학, 지도 만들기 같은 새로운 과학 지식이 중국을 통해 우리나라에 들어왔어요. 이런 지식은 조선의 학문이 발전하는 데 도움이 되었지요. 1800년대 후반에는 프랑스 등 여러 유럽 나라와 조약을 맺으며 서양 나라들과 교류하기 시작했습니다. 한국 전쟁 때 영국, 프랑스, 네덜란드, 그리스 등의 유럽 국가들은 유엔군으로 참전하여 도움을 주었습니다. 1960년대 한국은 오늘날의 유럽 연합(EU)의 모체라고 할 수 있는 유럽경제공동체(EC)와 교류를 시작하였고 이후 관계를 확장하였습니다. 2011년에는 유럽 연합과 자유무역협정을 체결하여 경제협력을 한층 강화하고 있습니다.

이후 음악, 영화, 드라마 등이 유럽 전역에서 큰 인기를 얻으면서 한국 문화가 유럽에 소개되고 공유되었어요. 또한, 유럽의 패션, 예술, 건축 등도 한국에 들어오면서 양쪽 문화가 서로 교류하게 되었답니다. 경제 면에서도 유럽은 한국의 주요 수출 시장이며 자동차, 전자제품, 반도체, 기타 과학 기술을 수출하고 있습니다. 최근에는 기후 변화에의 대응을 위한 탄소 중립, 친환경 기술 개발 등에서도 상호 협력하고 있습니다.

한국과 유럽은 예전에는 종교, 예술, 문학을 중심으로 활발히 교류했을 뿐만 아니라 무역과 외교를 통해서도 관계를 맺었습니다. 오늘날에는 경제 협력을 바탕으로 교육·문화·기술·환경 등 다양한 분야로 교류의 폭을 넓혀 가고 있습니다.

한국과 유럽 간 상호 교류의 내용을 더 찾아봅시다. 특히, 여러분들의 일상에는 어떤 유럽의 문화가 있나요?

더 알아보기

쌀과 밀

우리나라의 주식은 쌀이지만 소비량이 점점 줄어들고, 빵이나 면의 주재료인 밀의 소비량이 증가하고 있습니다. 밀은 우리에게 아주 중요한 곡물입니다. 그런데 우리나라의 밀 자급률은 1%대를 벗어나지 못한다고 합니다. 왜 그럴까요?

밀은 춥고 건조한 지역에서도 잘 자라는 특성을 지니고 있지만, 열에는 약하기 때문에 주로 연교차가 적은 지역에서 잘 자랍니다. 반면 쌀은 여름철에 비가 많이 내리고 고온다습한 환경인 우리나라를 비롯한 아시아 지역에서 잘 자랍니다.

우리나라에서는 예로부터 논농사를 중심으로 벼를 재배하며, 쌀은 주식으로 자리 잡았습니다. 논에서는 물을 대어 벼가 잘 자랄 수 있도록 하고, 모내기와 추수 등 계절에 맞춘 농사일이 이어집니다. 쌀은 밥, 떡, 국수 등 다양한 음식의 재료로 사용되어 한국 사람들의 식문화와 깊이 연결되어 있습니다.

반면 유럽에서는 기후가 비교적 서늘하고 건조하여 벼농사보다 밀이 잘 자랍니다. 밀은 넓은 밭에서 재배되며, 수확한 밀로 빵, 파스타, 쿠키 같은 음식이 만들어집니다. 그래서 유럽 사람들에게 빵은 한국의 쌀밥처럼 일상적인 주식이 되었습니다.

이처럼 한국의 쌀과 유럽의 밀은 각 지역의 기후와 생활 방식에 맞게 발전해 온 대표적인 곡물로, 서로 다른 식문화의 특징을 잘 보여 줍니다.

조선의 지도에 등장한 곳, 아프리카

▲ 아프리카 대륙

1402년 조선 초기에 만든 것으로 알려진 『혼일강리역대국도지도』에는 아프리카 대륙이 표현되어 있어요. 물론 조선의 영토를 서쪽에 있는 아프리카 만큼이나 크게 그렸지만, 조선 시대 사람들은 이미 아프리카 대륙의 존재를 알고 있었던 것으로 보입니다.

여러분에게 아프리카 대륙은 어떤 곳인가요? 지금부터 아프리카 대륙에 대해 함께 알아보도록 해요.

아프리카는 인류의 고향?

아프리카 대륙은 어떤 곳일까요? 여러 견해가 있지만, 지금까지 발견된 여러 증거들은 아프리카 대륙을 '인류의 고향'으로 말하고 있습니다. 그 이유는 인류의 조상으로 알려진 오스트랄로피테쿠스(Australopithecus) 가 처음 살았던 곳이 바로 아프리카이기 때문입니다. 실제로 아프리카 대륙에서는 다른 지역에서는 찾아보기 어려운 초기 인류의 화석과 도구 흔적이 여러 곳에서 발견되었습니다. 이렇듯 인류 진화의 비밀을 풀 수 있는 단서들이 숨겨진 곳입니다.

아프리카에는 약 2,000여 개의 언어가 사용되고 있으며, 다양한 사람들이 함께 살아가고 있어요. 이제 아프리카의 환경과 사람들, 그리고 우리나라와 관계에 대해 함께 살펴보도록 해요. 이제 아프리카의 지도를 펼쳐 주세요. 아프리카 여행을 떠나 봅시다.

아프리카의 자연환경

아프리카 대륙은 아시아에 이어 세계에서 두 번째로 큰 대륙입니다. 세계 육지 면적의 약 20%를 차지하며 인구 또한 세계 인구의 약 15%가 이곳에 거주하고 있어서 지리적 규모뿐 아니라 인구 규모 면에서도 매우 중요한 대륙입니다. 아프리카 대륙의 중앙부에는 적도 선이 지나고, 이를 중심으로 북반구와 남반구에 걸쳐 영토가 펼쳐져 있습니다.

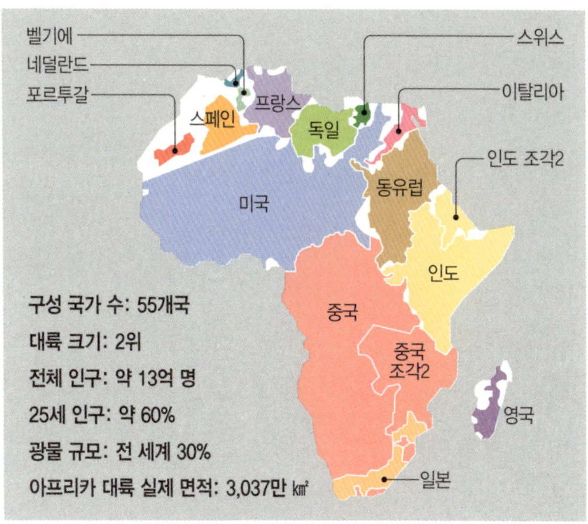

▲ 아프리카 대륙의 크기

아프리카 대륙은 얼마나 클까요? 아프리카는 세계에서 두 번째로 넓은 대륙이라는 사

▲ 아프리카 자연환경. ❶ 나일강 ❷ 킬리만자로산 ❸ 빅토리아호 ❹ 사하라사막

실은 잘 알려져 있지만, 실제로 얼마나 큰 대륙인지 실감하지 못하는 경우가 많습니다. 그 이유는 지도를 그리는 방식 때문입니다. 대부분의 세계지도는 평면으로 그려지기 때문에 적도에서 멀어질수록 실제보다 더 크게 보이도록 왜곡되는 현상이 나타납니다. 그래서 아프리카보다 작은 국가들이 지도에서는 더 크게 보이기도 합니다. 여러 큰 국가들과 아프리카 대륙의 실제 면적을 비교해 보세요. 여전히 아프리카가 작아 보이나요?

지형을 살펴볼까요? 아프리카 대륙의 북부에는 세계에서 가장 큰 사막으로 알려진 사하라사막이 넓게 펼쳐져 있어요. 이곳은 물이 없거나 매우 부족해서 사람이 살기에 쉽지 않은 곳이지만, 지구상에서 독특하고 인상적인 자연경관 중 하나입니다.

동부에는 세계적으로 긴 강으로 알려진 나일강이 있습니다. 나일강은

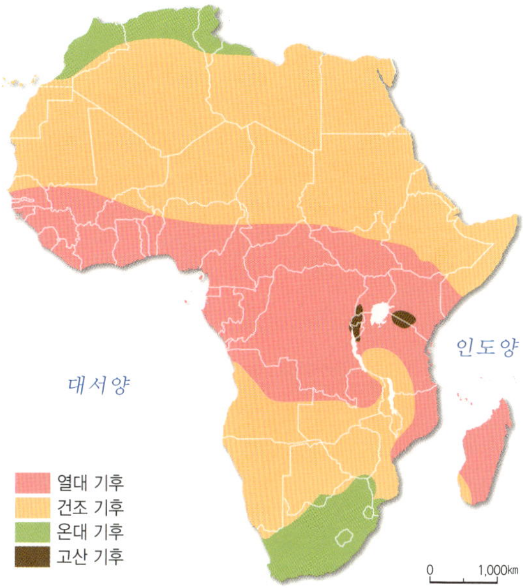

▲ 아프리카의 기후

아프리카 사람들의 생활과 동식물의 서식에 중요한 역할을 합니다. 나일강 유역에서는 다른 지역에 비해 물을 더 쉽게 공급받을 수 있으므로 물을 이용해서 농사를 짓기도 하고 식수로 사용할 수 있습니다. 그래서 이집트와 수단, 에티오피아의 사람들의 대부분은 나일강 유역에서 살아가고 있어요. 일찍이 이집트 문명이 발달하는 데도 영향을 주었답니다.

아프리카 동부의 중앙부에는 해발 고도 5800m 정도의 킬리만자로산이 있습니다. 아프리카 중앙부의 적도선 아래에 자리해 있어서 열대 기후 지역에 해당하지만, 산의 정상부 부분은 1년 내내 녹지 않은 얼음으로 덮여 있답니다. 산에서 시작된 물이 흘러서 주변에 강을 만들고 빅토리아 호수를 만들고, 빅토리아 호수는 나일강을 만들어서 건조한 아프리카의 북부 지역에 물을 공급해 주고 있지요. 아프리카 지도를 펼쳐서 이외의 여러 가지 아프리카의 지형들을 더 찾아봅시다. 어떤 지형들이 있나요?

아프리카 대륙은 덥기만 할까요? 아닙니다. 혹독한 추위가 나타나는 곳도 많습니다. 심지어 일 년 내내 15~25℃ 정도로 온화한 날씨를 보이는 지역도 있습니다.

적도를 중심으로 하여 적도 주변의 저위도 지역에서는 열대 기후, 북반구와 남반구의 중위도에서는 온대 기후, 건조 기후, 그리고 높은 산지와 고원을 중심으로 고산 기후 등 다양한 기후 환경이 나타나는 곳입니다. 그만큼 다양한 동식물이 서식할 수 있는 곳이고 다양한 사람들과 문화가 발달할 수 있는 곳입니다. 다양성이 특별히 돋보이는 곳이지요.

아래 지도의 아프리카 대륙에서 여러분이 알고 있는 국가를 찾아 O로 표시해 봅시다.

아프리카의 잠재력

현재 아프리카에는 50개 이상의 국가가 있습니다. 아프리카의 국가들은 경제적, 문화적, 사회적 면에서 다른 국가들과 교류를 하면서 아프리카 대륙의 자연환경을 토대로 특색 있는 국가를 만들어 가고 있습니다.

아프리카는 적도 주변의 열대 밀림, 동부의 초원, 북부와 남서부의 사막, 에티오피아의 아비시니아고원, 나일강 등 풍요로운 자연환경을 갖고 있습니다. 이러한 다양한 자연환경을 바탕으로 사람들은 환경에 적합한 생활 문화를 만들어 가고 있습니다. 아프리카 곳곳에는 아프리카에서만 볼 수 있는 독특한 생활 모습과 전통문화가 있어서 더욱 특별하게 느껴지기도 합니다.

아프리카 대륙은 적도를 중심으로 열대 기후, 온대 기후, 사막과 초원의 건조 기후, 그리고 에티오피아 아비시니아고원의 고산 기후 등 다양한 기후 환경을 지니고 있습니다. 이러한 기후적 다양성 덕분에 카카오, 커피, 고무, 향신료 등 다양한 농산물이 재배되며, 아프리카 고유의 독특한 음식 문화를 형성하는 데 기여했습니다. 더불어 세계인의 음식 문화를 풍요롭게 만드는 데에도 큰 영향을 미치고 있습니다. 카카오로 만든 초콜릿은 세계인들이 즐겨 먹는 식품이 되었지요. 그리고 아프리카에서 생산한 커피는 독특한 풍미와 품질의 커피 문화를 만들었다고 할 수 있습니다. 특히 에티오피아는 커피 음식이 처음 등장한 곳으로 알려져 있습니다.

아프리카 대륙에는 석유, 금, 다이아몬드, 인광석, 보크사이트, 니켈, 코발트, 망간, 흑연 등 다양한 천연자원이 풍부하게 매장되어 있습니다. 이러한 자원들은 전기차, 스마트폰을 비롯한 전자제품 제조에 널리 활용되며, 우리의 일상생활을 더욱 편리하게 만드는 데 큰 역할을 하고 있습니다. 여러분들이 먹고 있는 음식, 사용하고 있는 여러 가지 제품에도 아프리카에서 온 자원이 포함되어 있을 것입니다. 아프리카는 큰 대륙과 다양한 자연환경과 그 안에서 풍부하게 발달한 전통문화를 지닌 역사성, 다양성, 독특성이 살아 있는 곳이라고 말할 수 있어요.

아프리카의 풍경과 아프리카의 여러 나라에서 생산하고 있는 특별한 농산물과 생산품을 더 찾아 봅시다.

더 알아보기

커피의 원조는 이탈리아? 에티오피아?

커피는 커피콩을 볶아서 우려 마시는 음료입니다. 커피의 맛은 볶은

커피콩이 품고 있는 맛이 결정하게 되는 것이죠. 그래서 커피콩의 종류에 따라 커피의 맛이 달라집니다. 과일도 지역마다 다르듯이 커피콩 또한 어디에서 생산되었는지에 따라 특성이 다릅니다. 그래서 원산지가 다르면 미묘하게 다른 맛을 가지고 있습니다. 우리나라는 전 세계에서도 커피를 많이 마시는 나라 중 한 곳으로 알려져 있습니다. 그런데 커피는 어디서부터 시작되었을까요?

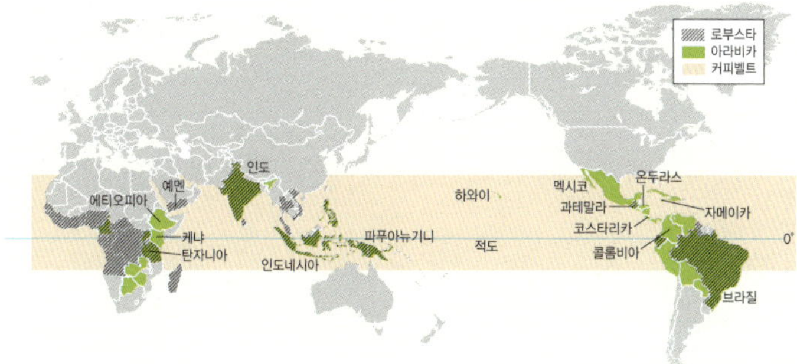

커피콩의 주요 생산지는 적도 부근의 북위 25도부터 남위 25도 사이에 있는 일명 '커피 벨트(The coffee belt)'에 집중되어 있습니다. 커피의 원산지로 아프리카 에티오피아를 비롯하여 케냐, 브라질, 콜롬비아, 베트남, 인도네시아 등이 있습니다.

그런데 커피콩 한 알이 나지 않는 이탈리아가 '커피의 원조'라고 불리는 까닭은 무엇일까요? '에스프레소', '라테', '마키아토', '카푸치노' 등 우리가 알고 있는 커피 이름은 대부분 이탈리아어입니다. 많은 커피 용어들이 이탈리아인 것을 보면 커피 강국은 틀림없습니다. 역사적으로 17세기 초 이탈리아 해상 무역의 거점이었던 베네치아에서 커피가 처음으로 등장하였고, 여기서 커피가 유럽으로 전해졌다고 합니다. 카페가 유럽에서 처음 등장한 곳도 베네치아라고 합니다. '빠르다'는 뜻을 가진 에스프레소, '우유'를 뜻하는 라테, '후드(Hood) 모자를 쓴'이라는 뜻을 가진 카푸치노, '점을 찍다'는 뜻의 마키아토, 젤라토를 '빠뜨린' 아포가토 등 우리가 사용하고 있는 많은 이름이 이탈리아어로 된 커피 이름입니다.

재외 동포가 많이 살고 있는 곳, 앵글로아메리카

앵글로아메리카(Anglo-America)를 들어보았나요? 아메리카 대륙은 파나마를 경계로 북쪽의 북아메리카와 남쪽의 남아메리카로 구분하기도 하며, 리오그란데강을 경계로 북쪽을 앵글로아메리카, 남쪽을 라틴아메리카로 구분하기도 합니다. 여기에서는 문화적 차이로 구분한 앵글로아메리카와 라틴아메리카를 중심으로 살펴봅시다.

▲ 아메리카의 지역 구분

앵글로아메리카의 자연환경

앵글로아메리카 대륙의 북부에는 캐나다, 남부에는 미국이 있습니다. 캐

▲ 리오그란데 강(좌), 파나마 운하(우)

나다와 미국은 모두 원주민 인디언이 살았던 곳에 유럽을 비롯한 여러 지역 사람들의 이주로 형성된 곳입니다. 그래서 이 지역을 말할 때 '다인종·다문화 국가'라는 표현을 사용합니다. 두 나라는 국토의 면적도 넓습니다. 캐나다는 러시아의 뒤를 이어 세계에서 두 번째, 미국은 세 번째로 넓은 영토를 지닌 국가입니다.

두 나라는 넓은 땅만큼이나 다양한 지형과 기후 환경이 나타나는 곳입니다. 자연의 거대함과 신비로움을 지닌 것으로 평가받는 그랜드캐니언을 비롯하여 서부의 로키산맥 빙하가 있었던 곳에 형성된 5개의 큰 호수들(5대호), 미국의 중앙부를 남북으로 흐르는 미시시피강과 남동부의 플로리다반도, 그리고 로키산맥과 미시시피강 사이의 모하비 사막과 콜롬비아사막 등은 이 지역의 다양한 환경을 만들어내는 데 큰 영향을 끼치고 있습니다.

또한, 넓은 지역에 걸쳐 다양한 기후가 나타납니다. 미국의 남부에는 아열대 기후, 북부로 올라가면서 온대 기후, 냉대 기후, 북극해 주변의 한

❶, ❷ 그랜드캐니언 ❸ 나이아가라폭포와 오대호 ❹ 미시시피강

대 기후, 미국의 서부에 나타나는 건조 기후에 이르기까지 세계에서 볼 수 있는 다양한 기후 환경을 만날 수 있는 곳입니다. 다양한 자연환경을 토대로 오늘날 앵글로아메리카의 문화를 만들었다고 할 수 있어요.

➡ 캐나다와 미국의 지도를 펼쳐두고 이 곳의 산지, 강, 호수, 그리고 주변의 바다를 찾아 봅시다. 그리고 위도와 지형을 활용하여 이 곳의 기후를 상상해 봅시다. 이 곳의 자연환경은 사람들의 삶에 어떤 영향을 주었을까요?

앵글로아메리카 지역과의 교류

우리나라는 앵글로아메리카에 있는 국가들과 경제, 사회, 문화적인 면에서 활발하게 교류하고 있습니다. 우리나라의 무역 상대국을 살펴보면, 중국과의 무역액이 가장 크고 그 다음으로 미국과의 무역 규모도 상당히 큽니다. 특히, 수입보다 수출이 많은 '흑자 무역'을 이루고 있는 것이 특징입니다. 캐나다와도 마찬가지로 수출액이 수입액보다 더 많은 무역 구조를 보이고 있어서, 이 지역과의 경제적 교류가 활발하게 이루어지고 있음을 알 수 있습니다. 이외에 영화, 음악, 음식 등의 문화 교류, 유학생, 여행, 이민 등의 인적 교류, 기타 기술 및 농산물 교류 등 여러 분야에서 교류가 활발하게 진행되고 있습니다.

▼ 미국 맨해튼의 코리아타운

사회·문화적인 면에서 교류를 살펴봅시다. 미국, 캐나다와 우리나라 간에는 인적 교류가 자유롭게 이뤄지고 있어요. 미국에는 세계에서 가장 많은 수의 재외동포가 살고 있습니다. 재외동포들이 만들어 가는 코리아 타운은 미국 내 하나의 공동체로 자리 잡고 있습니다. 또한, 연구와 공부를 목적으로 미국으로 유학을 가는 사람들도 많습니다. 유학생들은 한국의 여러 가지 문화들을 미국에 전하기도 하지만 귀국하면서 미국의 문화를 한국에 전파하기도 합니다. 미국 사람들이 한국의 K-POP, K-문화, K-음식 등을 좋아하고, 한국 사람들이 미국의 음악, 영화, 음식 등의 문화를 즐기게 되었습니다.

이처럼 서로의 문화를 주고받으면서 두 나라 사람들은 점점 더 가까워지고 있어요. 한국에서도 미국의 축제인 '할로윈'을 즐기거나, 미국에서는 한국의 전통 음식인 김치를 찾는 사람들이 많아졌어요. 이처럼 문화가 서로 섞이고 퍼지면서 일상 속에서도 서로의 문화를 즐길 수 있게 되었지요.

또한, 유튜브나 넷플릭스 같은 온라인 플랫폼을 통해 두 나라 사람들이 서로의 드라마, 예능, 영화를 쉽게 볼 수 있게 되었어요. 이런 미디어 교류는 서로의 문화를 더 쉽게 이해하고 흥미를 느끼는 데 도움을 줍니다. 친구처럼 가까워진 문화 덕분에 전 세계 사람들의 생활이 더욱 풍요로워지고 있어요.

➡ 여러분이 좋아하고 자주 즐기는 것 중에 미국이나 캐나다 친구들도 함께 즐기는 것이 있을까요? 함께 찾아보아요.

한인 이민자들의 땀이 담긴 곳, 라틴아메리카

라틴아메리카에는 아메리카 원주민, 유럽인, 아프리카인, 아시아인 등 다양한 배경을 가진 사람들이 함께 살고 있습니다. 원래 이 지역에는 아메리카 원주민들이 오랫동안 살아왔습니다. 이후 에스파냐와 포르투갈을 중심으로 유럽인들이 들어왔고, 아프리카에서 들어온 사람들도 많았습니다. 또한, 19세기 이후에는 우리나라를 포함하여 아시아 여러 나라에서 일자리를 찾아 이주해 온 사람들도 더해져 지금과 같이 여러 민족이 어우러진 문화가 형성되었습니다.

▼ 멕시코 유카탄에 위치한 한인 이민 기념탑

오늘날 라틴아메리카에는 약 10만 명 정도의 재외 한국인들이 살고 있습니다. 재외동포는 현재 라틴아메리카에 어떻게 정착하게 되었을까요?

라틴아메리카와의 관계는 한국인의 이민 역사를 통해서 살펴볼 수 있어요. 한국인의 라틴아메리카로의 이민 역사는 1900년대 초 멕시코 농장으로의 이민에서 비롯되었어요. 1905년 멕시코로 이주한 한국인들은 주로 사탕수수 농장 등에서 농장 계약노동자로 일했답니다. 이주 노동자들은 타국에서 힘든 생활을 했지만 서로 모여서 한인 사회를 형성하고 서로 한국의 문화를 공유하고 지역 사람들과도 함께 문화를 즐기면서 어려운 타국 생활을 극복했답니다. 오늘날에는 브라질, 아르헨티나, 파라과이, 볼리비아, 에콰도르, 페루, 우루과이, 칠레 등 라틴아메리카의 대부분 국가에서 한국인의 이주 생활을 볼 수 있습니다. 그곳, 라틴아메리카로 여행을 떠나 봅시다. 라틴아메리카의 지도를 펼쳐 주세요.

라틴아메리카의 자연환경

라틴아메리카는 아프리카 대륙처럼 적도를 중심으로 북반구와 남반구 모두에 걸쳐 있는 대륙입니다. 적도 주변의 열대 기후에서부터 온대 기후, 냉대 기후, 한대 기후, 건조 기후, 고산 기후까지 다양하게 나타납니다. 지형도 다양하게 발달해 있는 모습을 볼 수 있습니다. 남북으로 길게 뻗은 안데스산맥이 있어서 멕시코에서부터 칠레에 이르기까지 대륙의 서부는 높은 산지로 이루어져 있습니다. 그래서 적도 주변의 에콰도르,

▲ 마야문명의 도시, 치첸이트사(멕시코)

페루, 볼리비아, 콜롬비아, 멕시코에는 고산도시가 발달해 있습니다. 라틴아메리카의 고산도시는 해발 고도가 높은 지역에 발달한 도시이며 페루의 쿠스코, 볼리비아의 라파스, 에콰도르의 키토, 멕시코의 멕시코시티 등은 모두 높은 산지에 발달한 고산도시들입니다. 고산도시들은 같은 위도대의 다른 지역에 비해 연중 서늘한 기후가 나타나는 편입니다. 그래서 고산도시가 발달했다고 볼 수 있어요. 여러분들이 알고 있는 라틴아메리카의 3대 문명인 '마야문명', '아즈텍문명', '잉카문명'은 원주민들에 의해 이루어진 문명으로 알려져 있습니다. 이 중에서도 특히 잉카문명은 안데스산맥의 험준한 고산 지역에서 놀라운 기술과 문화를 바탕으로 형성된 것으로 알려져 있습니다.

라틴아메리카 대륙의 적도 부근에는 세계에서 가장 넓은 유역 면적을 가진 것으로 알려진 아마존강이 있고 아마존강 유역에는 세계의 허파 역할을 한다고 알려진 열대 밀림이 형성되어 있습니다. 아마존강은 대륙의 서쪽에 있는 안데스 산지에서 흘러내리는 물로 만들어진 큰 강줄기입니다. 아마존강과 주변의 열대 밀림은 그곳에서 살고 있는 사람들에게 식량자원을 제공해 줄 뿐 아니라 다양한 생물의 서식지로서 큰 역할을 하고 있어요. 산소 공급원이면서 대기 중의 탄소를 흡수하는 흡수원으로서의 가치도 큽니다. 특히, 최근 지구 온난화와 기후 변화로 인해서 생물들이 사라져 가고 폭염, 폭설, 폭우, 가뭄, 산불 등의 자연재해가 심각해지는 상황에서 지구의 환경을 지켜줄 수 있는 중요한 곳으로 여겨지고 있는 곳입니다.

▼ 브라질의 아마존강

라틴아메리카의 남쪽 끝과 남극 대륙 사이에는 드레이크해협이 있습니다. 남극 대륙으로 가는 길목이며 태평양과 대서양이 연결되는 바다입니다. 이처럼 라틴아메리카는 다양한 기후와 지형, 풍부한 자연환경을 지닌 아주 특별한 지역입니다. 높은 산과 넓은 강, 울창한 숲과 다양한 생물들이 어우러져 있으며, 오랜 역사와 문화를 간직한 사람들도 함께 살아가고 있지요. 라틴아메리카는 지구의 자연을 지키고, 우리 삶에 꼭 필요한 자원을 제공해 주는 중요한 곳입니다. 앞으로도 라틴아메리카의 자연과 문화에 관심을 갖고 함께하는 마음을 키우며 지구를 함께 지켜 나가는 마음을 가지면 좋겠습니다.

세계지도를 펼쳐서 사막, 폭포, 산, 고원 등 라틴아메리카의 지형들을 더 찾아봅시다. 그리고 라틴 아메리카 지형 지도를 만들어봅시다.

라틴아메리카 지역과의 교류

라틴아메리카 지역은 우리나라로부터 물리적 거리뿐 아니라 교통의 거리도 먼 곳입니다. 이 지역에 가기 위해서는 먼저 미국으로 가서 다시 라틴아메리카 지역으로 가는 비행기를 이용해야 하는 경우가 많아요. 그런데도 많은 한국인이 이 지역으로 이주하여 생활하고 있어요. 현재 약 10만 명 정도의 한국인들이 거주하고 있다고 해요.

우리나라는 2024년에 쿠바와 수교하면서 모든 라틴아메리카 국가들과의 외교 관계망을 완성하였습니다. 특히 콜롬비아는 1950년 한국전쟁에 참전하였고 멕시코 등 많은 국가에서는 의약품 등 구호품을 지원했어요. 이후 이 지역과의 교류는 지속적으로 확대되어 왔습니다.

무역을 통해 많은 물자와 서비스도 교류하고 있어요. 여러분들이 즐겨 먹는 포도, 바나나, 망고, 아사이베리, 블루베리, 설탕 등은 이곳에서 수입한 것들이 많아요. 특히, 어른들이 즐겨 먹는 커피도 주로 이 지역에서 많이 수입한 것이랍니다. 우리나라에서는 자동차, 반도체, 핸드폰, 전자제품 등을 주로 수출하고 있으며 최근에는 한국의 K-문화가 이 지역에서 많은 인기를 얻고 있다고 해요. 라틴아메리카는 그곳의 자연환경 안에서 자신들만의 고유한 문화를 가지고 있습니다. 교류를 통해서 다양한 문화를 서로 실천하면서 협력과 우호적인 관계를 증진하며, 두 지역 사람들의 풍요로운 생활에도 도움이 되고 있습니다.

우리와 라틴아메리카 지역 간 이루어지는 교류 내용을 더 찾아봅시다.

더 알아보기

비행기로 한국에서 남미를 한 번에 갈 수 없는 이유는?

해외여행을 떠날 때 많이 사용하는 교통수단 중 하나가 항공기입니다. 목적지까지 한 번에 가는 비행기도 있지만, 어딘가를 거쳐서 가는 경우도 많답니다. 그래서 항공권을 예약할 때 직항 또는 경유 중에서 선택을 합니다. 직항은 한 번에 빠르게 목적지까지 이동할 수 있지만, 가격이 비쌉니다. 반면에 경유는 항공료는 저렴하지만, 생각보다 오랜 시간이 걸린다는 단점이 있습니다. 그래서 여행객들은 대부분 직항을 선호합니다. 그런데 비싼 직항을 타고 싶어도 탈 수 없는 때도 있습니다. 바로 직항 항공편이 없는 경우죠. 우리나라에서는 남아메리카로 가는 직항 항공편이 없습니다. 왜 그럴까요?

가장 큰 이유는 거리입니다. 우리나라에서 브라질까지 직항 노선 거리는 17,399km입니다. 지구 둘레가 약 4만km라고 하니 거의 지구 반 바퀴를 비행해야 하는 셈이죠. 비행시간만 약 22시간이 걸립니다. 현재 운행하고 있는 큰 여객기 중 승객을 태우고 화물과 충분한 연료를 다 싣고서 약 2만km 정도를 날아갈 수 있는 비행기가 있을까요? 안타깝게도 아직은 지구 반 바퀴에 착륙하지 않고 안전하게 비행할 수 있는 항공기는 없다고 합니다.

교육과 문화 교류가 많아지는 곳, 오세아니아

여러분에게 오세아니아는 다소 생소하게 느껴질 수 있습니다. 오스트레일리아, 뉴질랜드에 대해서는 잘 알고 있지만 '오세아니아'라는 대륙 명칭에는 익숙하지 않을 수 있기 때문입니다. 오세아니아는 오스트레일리아, 뉴질랜드, 멜라네시아, 미크로네시아, 폴리네시아 등의 대륙과 섬으로 이루어져 있습니다. 오스트레일리아와 뉴질랜드는 국가의 이름이지만 멜

▼ 오세아니아 지역

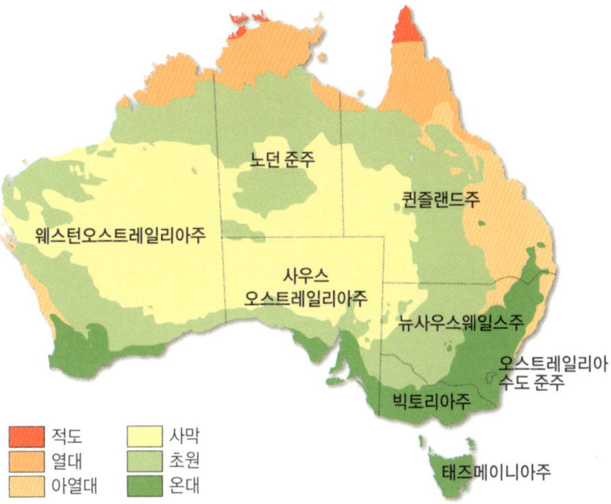

▲ 오스트레일리아의 행정구역 구분과 기후

라네시아, 미크로네시아, 폴리네시아는 지리적 구분을 위해서 작은 섬 국가들을 묶어서 붙여 놓은 이름입니다.

오스트레일리아는 우리에게 '호주'로 알려져 있지요. 세계에서 가장 작은 대륙이랍니다. 대륙이 작다는 것이지, 나라가 작다는 의미는 아닙니다. 하나의 국가인 오스트레일리아가 하나의 큰 대륙을 이루고 있기 때문입니다. 러시아, 캐나다, 미국, 중국, 브라질 다음으로 세계에서 6번째로 넓은 면적의 나라입니다. 영토가 넓어서 기후 환경과 지형이 다양하게 나타납니다.

▼ 오스트레일리아의 퀸즐랜드 그레이트 배리어리프(좌)와 울루루(우)

더 알아보기

오스트레일리아의 수도는 어디일까요?

모두 그런 것은 아니지만, 일반적으로 수도를 정할 때는 가장 많은 인구가 살고 있거나, 국가의 중심에 위치하거나, 다른 나라와의 접근성을 고려하기도 합니다. 중요한 역사를 지닌 것도 고려의 대상이 될 수는 있죠.

그렇다면 오스트레일리아의 수도는 어디일까요? 오스트레일리아의 수도는 인구가 약 40만 명 정도인 소도시 캔버라입니다. 왜 이 도시가 수도가 되었을까요?

20세기 초 오스트레일리아는 영국으로부터 정치적으로 독립하게 되었고, 각 주를 통합하는 하나의 연방이 필요했습니다. 이때 시드니와 멜버른은 서로 수도를 놓고 의견이 분분하였습니다. 두 도시 간 의견 차이가 좁아지지 않자, 결국 타협안으로 새로운 도시를 건설하기로 합니다. 그곳은 바로 시드니와 멜버른 사이에 있는 '캔버라'입니다. 캔버라 지명의 뜻은 '만남의 장소'입니다. 도시 이름에 이 도시를 만든 의도가 잘 녹아 있지 않나요?

▲ 뉴질랜드

동부에는 남북으로 길게 그레이트디바이딩 산맥이 동부 해안과 내륙 사이를 구분하고 있어요. 산맥의 서부보다는 동부에 사람들이 많이 살고 있어요. 여러분들에게 잘 알려진 시드니, 멜버른, 캔버라 등의 도시도 동부에 발달해 있어요. 그 이유는 무엇일까요? 상상해 볼까요?

오스트레일리아의 동남쪽에는 두 개의 큰 섬과 주변의 여러 섬으로 이뤄진 뉴질랜드가 있습니다. 뉴질랜드의 북섬은 남섬보다 인구가 많고, 경제와 행정의 중심지 역할을 합니다. 이 섬에는 수도 웰링턴과 최대 도시 오클랜드가 있으며, 산업과 교육, 문화 활동이 활발하게 이루어지고 있습니다. 또한 화산과 온천, 호수 등 지열 지형이 발달해 자연 경관이 아름답고 관광 자원도 풍부합니다. 북섬에는 원주민 마오리족이 많이 살고 있어, 뉴질랜드의 전통문화와 현대문화가 함께 어우러진 모습을 볼 수 있습니다. 뉴질랜드는 남반구에 있어서 남섬이 북섬에 비해서 더 고위도에 있습니다. 남섬에는 높은 산지가 남북으로 뻗어 있는데 산지 정상부에서 빙하 지형을 볼 수 있습니다.

이외에 오세아니아 대륙에는 멜라네시아, 미크로네시아, 폴리네시아 등 태평양에 있는 작은 섬의 국가들로 구성되어 있습니다. 지도를 활용하여 여기에 있는 작은 섬 국가들을 더 자세히 찾아봅시다.

오세아니아 지역과의 교류

오스트레일리아와 우리나라의 교류는 1884년 오스트레일리아 선교사들이 한국에 들어오면서 시작되었다고 해요. 그리고 한국전쟁에서 오스트레일리아 군대가 유엔군의 일원으로 참전하여 남한을 지켜내는 데 큰 역할을 했습니다. 1961년에 외교 관계를 수립하여 경제, 사회, 문화면에서 교류를 증가해 오고 있습니다. 경제적인 면에서 식료품과 제조업 부문의 교류, 사회·문화적인 면에서 관광, 교육 분야의 인적 교류와 문화 교류가 이뤄지고 있습니다. 현재 오스트레일리아에는 약 4만 명 정도의 동포들이 살고 있고 매년 많은 관광객과 유학생들이 오스트레일리아를 방문하거나 오스트레일리아에서 생활하고 있습니다. 양국의 도시 간 자매결연을 통한 상호교류 사례도 많습니다. 최근 오스트레일리아의 아시아 지역에의 관심 증대로 경제, 교육, 문화 등의 면에서 교류는 더 촉진되고 있고 앞으로도 기대되는 면이 큽니다.

뉴질랜드와의 외교관계는 1962년에 공식 수립되었습니다. 한국전쟁 당시 뉴질랜드 군이 참전하여 양국 간 깊은 협력의 관계가 시작되었고, 이후 자유무역협정을 체결하여 경제, 사회, 문화면에서 교류가 이어지고 있습니다. 오세아니아 지역에서는 태권도가 널리 보급되어 많은 사람들에게 사랑받고 있으며, 우리의 식탁에는 호주와 뉴질랜드에서 생산한 다양한 식품이 오르고 있습니다. 두 나라는 넓은 목초지와 깨끗한 자연환경을 바탕으로 소고기, 양고기, 유제품 등을 많이 생산합니다. 이곳에서 만들어진 쇠고기, 치즈, 버터, 우유 등은 품질이 좋아 한국을 비롯한 여러 나라로 수출되고 있습니다. 또한 과일, 와인, 꿀 등도 세계적으로 유명하여 우리 일상 속 식탁에서 쉽게 찾아볼 수 있습니다. 이렇게 호주와 뉴질랜드의 농축산물은 세계 여러 나라 사람들의 식생활과도 깊이 연결되어 있습니다.

앞에서 아시아, 유럽, 아프리카, 아메리카, 오세아니아 지역을 중심으로 각 대륙의 자연환경과 사람들의 생활 모습 그리고 우리나라와의 관계에 대해 살펴보았어요. 대륙별로 기후와 지형의 자연환경이 다르고 사람들의 생활모습이 다르다는 것을 알게 되었어요. 앞서 살펴본 것처럼, 아시아, 유럽, 아프리카, 아메리카, 그리고 오세아니아 각 대륙은 독특한 자연환경과 기후, 다양한 지형을 가지고 있으며, 그 속에서 사람들의 생활방식도 매우 다채롭게 이루어지고 있습니다. 이러한 차이들은 각 지역의 문화와 경제, 사회에 깊은 영향을 미치며, 우리나라와도 여러 방식으로 연결되고 있습니다. 우리가 다른 지역의 자연환경과 사람들의 삶에 관심을 가져야 하는 이유라고 할 수 있죠.

제 7 장

지구촌의 평화와 발전

지속 가능한 세계는 우리 사회의 안정적 발전과 평화를 위해 반드시 추구해야 할 사회 발전의 방향입니다. 현재 지구촌 사회를 구성하는 모든 사람이 인간다운 삶을 이어갈 수 있고 미래세대도 인간다운 삶을 살아가는 데 부족함이 없는 사회를 만들기 위한 방향입니다. '지속 가능한 지구촌'은 무엇이고 이를 위해 우리가 준비하고 실천해야 할 과제에는 무엇이 있는지 알아봅시다.

지속 가능한 세계는 어떤 모습일까요?

인류는 지구상에 등장한 이후 활동 무대를 지속적으로 확장해 왔습니다. 사람들은 왜 이동 생활을 멈추고 정착하여 한곳에 모여 살게 되었을까요? 사람들이 터를 잡고 살고 있는 장소를 살펴보면 그 까닭을 어렴풋이 추측할 수 있습니다. 오랫 동안 쌓아 온 삶의 지혜와 과학 기술 등을 활용하여 지속적으로 주변 환경과 상호작용하면서 더 살 만한 장소를 찾고, 그러한 장소를 만들어 왔기 때문입니다.

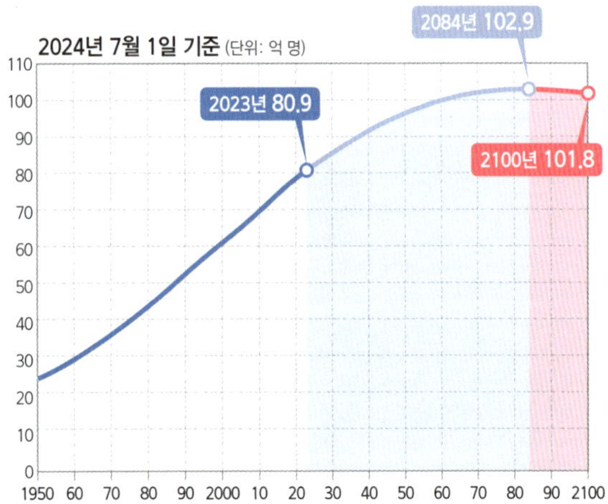

▲ 세계 인구의 전망(자료 : UN, 연합뉴스 2024년 7월 12일 자)

인류의 삶의 터전 지구는 인간 활동으로 인해 여러 환경 문제가 발생하고 있습니다. 인구 증가와 과학 기술의 발달로 인해 인류는 지구의 자정 능력(스스로 정화하는 능력) 한계를 넘어서는 자원을 이용하게 되었고, 이에 따라 인류는 다양한 환경 문제에 직면하게 되었습니다. 공기와 물이 오염되고, 숲이 사라지며, 지구의 기후가 빠르게 변하고 있습니다. 이러한 변화는 생태계의 균형을 무너뜨리고 인간의 삶에도 큰 영향을 미치고 있습니다. 그래서 오늘날 인류는 자원을 아끼고 자연과 조화를 이루며 살아가는 지속 가능한 삶의 방식으로 전환하기 위해 노력하고 있습니다. 화석 에너지 사용 증가, 산업·생활 폐기물의 증가는 그간 경험하지 못했던 기후 변화, 미세먼지, 바이러스, 태풍 등의 자연재해로 나타나고 있습니다.

2019년에 코로나19라는 팬데믹(전 세계적 대유행) 상황을 겪었습니다. 현재는 코로나19가 엔데믹(일상적 유행) 상황으로 낮아졌지만, 여전히 우리 생활에 영향을 미치고 있습니다.

또한 사람들이 살아가는 사회에서는 생각, 문화, 경제활동 등에서 서로 다른 점들이 나타나기 마련입니다. 이러한 차이를 적극적인 소통과 공감, 배려와 존중으로 해결하지 못하면 갈등이 생기고, 사회가 평화롭지 못한 상황이 벌어지기도 합니다.

국제 연합(UN)에서는 앞으로 지구촌 사회에서 모든 사람이 평화로운 환경에서 건강한 삶을 살 수 있는 사회를 만들어 갈 방안으로 '지속 가능 발전'을 제시했어요. 국제 연합에서 제시한 지속 가능 발전의 의미를 살펴봅시다.

지속 가능 발전은 그간 더 편리함과 더 풍요로움을 위해 더 많이 생산하고 더 많이 소비하는 데서 나타났던 '지속적인 경제 성장' 중심에서 벗어나서 지구의 자연환경을 보전하면서 지구상의 모든 사람이 인간으로서 건강한 삶을 유지하는 발전을 말합니다. 나아가 인류에게 필요한 것을 충족하면서 자연과 함께 평화롭게 살아가는 생활 방식으로 완전히 바꿔 지구상에서 지속적으로 살아갈 수 있도록 하는 '지속 가능한 성장'을 추진하는 것입니다.

지속 가능 발전을 추구하는 데는 환경적 측면에서 생태적 보전, 경제적 측면에서 공정한 경제 활동, 사회적인 측면에서 인간 존중에 기반한 포용적인 사회 만들기가 포함됩니다. 이러한 방향의 사회 발전이 이뤄질 때 지구촌 사회는 지속 가능한 세계로 남을 수 있다는 것입니다. 그래서 국제연합에서는 2015년 유엔 총회에서 지속 가능한 발전을 위해 지구촌 사람들 모두가 함께 실천해서 달성해야 할 17개 목표를 설정하여 제시했어요. 이 목표들은 '지속 가능 발전 목표(Sustainable Development Goals, SDGs)'라고 불리며, 2030년까지 빈곤 퇴치, 환경 보호, 모두의 번영을 달성하기 위한 범지구적 약속입니다. 이에 따라 국제사회, 각 나라, 지역사회에서는 이러한 목표를 달성하기 위해 여러 정책을 수립하고 실천 전략을 세우고 협력을 강화하고 있어요.

➡ 아래 그림에서와 같이 국제사회에서 17개의 지속 가능 발전 목표를 설정하여 해결하려고 하는 이유를 설명해 봅시다.

17개의 목표와 연계하여 여러분이 살고 있는 지역의 문제를 알아봅시다. 어떤 해결 과제가 있나요?

목표 1	모든 형태의 빈곤 종결
목표 2	기아 해소, 식량안보와 지속 가능한 농업 발전
목표 3	건강 보장과 모든 연령대 인구의 복지 증진
목표 4	양질의 포괄적인 교육 제공과 평생학습 기회 제공
목표 5	성평등 달성과 모든 여성과 여아의 역량 강화
목표 6	물과 위생의 보장 및 지속 가능한 관리
목표 7	적정가격의 지속 가능한 에너지 제공
목표 8	지속 가능한 경제성장 및 양질의 일자리와 고용 보장
목표 9	사회기반시설 구축, 지속 가능한 산업화 증진
목표 10	국가 내, 국가 간의 불평등 해소
목표 11	안전하고 복원력 있는 지속 가능한 도시와 인간 거주
목표 12	지속 가능한 소비와 생산 패턴 보장
목표 13	기후변화에 대한 영향 방지와 긴급조치
목표 14	해양, 바다, 해양자원의 지속 가능한 보존 노력
목표 15	육지생태계 보존과 삼림 보존, 사막화 방지, 생물다양성 유지
목표 16	평화적, 포괄적 사회 증진, 모두가 접근 가능한 사법제도와 포괄적 행정제도 확립
목표 17	이 목표들의 이행수단 강화와 기업 및 의회, 국가 간의 글로벌파트너십 활성화

지구촌에는 어떤 문제들이 있을까요?

지구촌에는 약 80억의 인구가 살아가고 있습니다. 그런데 지구촌에는 미세먼지, 태풍과 홍수, 사막화, 기후 변화, 신종 바이러스 등의 환경 문제, 종교·문화 간의 갈등, 경제적 빈곤층의 발생, 도시와 촌락 문제 등 여러 가지 문제들이 발생하고 있어요. 이러한 문제들은 지구촌 사람들의 평화롭고 안전한 그리고 건강한 삶을 위해 함께 고민하고 해결해야 할 과제입니다.

환경과 생태계 문제, 어떻게 해결할까?

먼저, 지구촌의 환경 문제를 살펴봅시다. 지구촌의 자연환경은 크게 대기권, 수권, 암석권, 생물권 등의 4영역으로 구분해 볼 수 있어요.

대기권은 지구촌을 둘러싸고 있는 공기층을 말합니다. 우리가 편히 숨쉬고 살아가는 데 필요한 산소를 포함하고 있는 곳이며 기온과 습도에 영향을 미치는 곳입니다. 수권은 지구상에 물이 있는 곳입니다. 크게는 강, 호수 등 육지에 있는 물과 바다에 있는 물로 나누어 볼 수 있어요. 물은 사람에게뿐 아니라 동식물에도 생명수 역할을 합니다. 암석권은 암석으로 이뤄져 있는 지구 표면을 말합니다. 암석에는 토양, 모래, 돌, 바위 등이 모두 포함되지요. 토양은 사람의 거주 공간을 제공해 줄 뿐만 아니라

▲ 지구 환경

다양한 생산 활동의 장소로 사용되며, 동식물의 서식처 역할을 합니다. 마지막으로 생물권은 식물과 동물 그리고 이들이 서식하고 있는 환경을 포함합니다. 산지, 하천, 바다 등 생물이 서식하고 있는 곳과 생물의 생명을 유지하는 데 필요한 대기, 물도 생물권에 포함됩니다.

각 구성 영역은 서로 영향을 주고받으며 전체적으로 일정한 시스템을 유지하고 있습니다. 그런데 어느 한 가지 영역에 변화가 오면 기후에 영향을 미칠 수 있습니다. 예를 들어, 대기의 온도와 습도 변화는 수권의 수증기 함량에 영향을 미칠 수 있습니다. 이로 인해 강수량과 기후패턴은 달라질 수 있습니다. 즉, 어느 한 가지라도 변화가 생기면 지구 환경 시스템의 균형이 깨질 수 있다는 뜻입니다. 그런데 인류의 활동이 이러한 균형을 크게 흔들고 있습니다. 산업화와 도시화로 인해 대기 오염과 수질 오염이 심해지고, 산림이 파괴되며, 온실가스가 급격히 늘어나 지구의 기후가 변화하고 있습니다. 이러한 문제는 인간뿐만 아니라 지구에 함께 살아가는 모든 생물의 삶에도 영향을 미치고 있습니다. 따라서 우리는 지구 환경의 소중함을 인식하고, 자연과 조화를 이루는 삶의 방식을 실천해야 합니다.

▲ 갯벌(상), 친환경 농업(하, 자료 : 최낙선)

또한, 공기의 오염 문제도 있습니다. 수많은 공장을 건설하는 동안 수많은 나무를 베고 녹지를 훼손하면서 산소를 공급해 줄 수 있는 삼림 자원은 크게 감소했습니다. 대신 대기 중에는 이산화탄소, 메탄가스 등 지구 온난화를 유발하는 것으로 알려진 온실가스가 대량 배출되고 있습니다. 이에 따라 대기층에 오염원과 미세먼지는 많아지고 지구상 기온은 상승하는 지구 온난화 현상이 나타났습니다. 육상의 생물과 해양 생물의 생태계에 문제가 발생하고 있습니다. 무엇보다도 공기의 질이 나빠지고 오염원이 많아지면서 사람들이 숨쉬기조차 어려운 환경으로 변해 갈 수 있다는 것입니다.

강, 호수, 바다 등을 중심으로 수질 오염의 문제도 발생하고 있어요. 바다에서는 오염수, 미세플라스틱과 스티로폼, 각종 쓰레기, 기름 배출 등으로 오염 문제가 발생하고 있습니다. 이에 따라 어패류 및 해조류의 번식과 서식이 어려워질 수 있답니다. 또한, 오염수의 배출과 인근 농경지에서 사용하는 농약으로 인해 강과 호수에 서식하는 민물고기, 우렁이, 다슬기 등의 생존도 어려워질 수 있답니다. 생명이 사라져가는 바다, 강, 호수는 괜찮을까요?

지구 환경의 오염은 단순히 생물의 생존을 넘어서 인간의 생존에도 큰 영향을 미칠 수 있습니다. 인간의 삶은 환경 안에서 환경을 토대로 이뤄지고 있기 때문입니다. 그런데 최근 환경오염, 기후 변화로 인해서 생물권 내 생물과 환경의 변화가 나타나고 있어요. 다양한 생물의 종이 사라지거나 생물이 서식할 수 있는 환경이 변화하여 생물이 서식하기 어려워진 것입니다.

▼ 영산강의 장록습지

대기권, 수권, 암석권, 생물권의 생태적 보전은 사람과 생물, 그리고 자연환경이 온전하게 살아가기 위해서 아주 중요한 일이라고 할 수 있어요. 어떻게 해야 할까요?

환경오염이 더 심각해지기 전에 생태계가 온전한 환경을

만들어 가는 일은 오늘날 우리가 해결해야 할 아주 중요한 과제입니다. 다행히 무농약 친환경 농작물 재배 운동을 확산시키면서 안전한 먹거리 확보와 환경 보호를 실천하는 사람들도 많아지고 있습니다. 이제는 깨끗한 환경을 만들고 보호하기 위해 우리의 생활을 성찰하고 바꿔 가는 것을 실천해야 합니다. 대부분의 환경 문제는 자연환경을 훼손하거나 자연환경이 수용할 수 없는 정도로 과도한 부담을 주어서 발생한 것이지요. 더 편리한 생활을 위해서 필요 이상의 제품을 과도하게 생산하여 소비하고, 지나친 에너지 사용과 무분별한 이용으로 온실가스를 배출하는 등의 개인적, 사회적 생활방식을 성찰하고 개선해야 합니다. 그리고 환경을 보호할 수 있는 적정기술(지역사회의 환경, 경제, 문화적 상황에 적합하면서도 지속적으로 사용할 수 있는 기술)을 개발하여 적용하고, 최대한 자원의 절약, 자원의 순환이 이뤄질 수 있도록 개인적, 사회적, 국가적, 세계적 노력과 실천이 절실히 필요합니다.

우리는 더 편리한 생활을 위해 여러 가지 제품을 사용합니다. 그러나 제품을 만들고, 사용할 때, 그리고 버릴 때 환경오염이 발생할 수 있습니다. 환경오염을 줄이기 위한 좋은 방법은 무엇일까요? 우리 사회에서 실시하고 있는 좋은 방법의 사례를 찾아 적어 봅시다.

예 제로 웨이스트 마을 만들기

지구 온난화에 대한 대응 탄소중립

최근 우리는 그간 경험하지 못했던 날씨 변화를 겪고 있습니다. 2020년 여름에는 시베리아의 여름 기온이 한반도보다 높게 나타나는 이례적 현상이 발생했습니다. 지구상의 기온 상승으로 인해서 오랜 시간 얼어 있던 영구동토층(거의 1년 내내 얼어 있는 땅)이 녹기 시작했고 그로 인해 도로와 건물에 심각한 틈이 생기는 등의 피해가 나타나고 있습니다. 또한, 겨울철 따뜻한 기후 지역으로 알려진 지중해 주변 지역에서도 한파와 폭설이 발생하는 등 날씨 변화는 지구촌 전역에서 다양한 형태로 나타나고 있습니다. 우리나라 역시 예외가 아닙니다. 여름에 기록적인 폭염이 이어지고 건강과 경제 활동에 어려움이 나타나고 있습니다. 홍수, 가뭄, 폭설, 폭우, 폭염 등 여러 기상 이변과 함께 기온 상승으로 인한 다양한 환경 문제를 겪고 있습니다.

그렇다면 이러한 환경 문제에 우리는 어떻게 대응해야 할까요? 이제는 단순히 피해를 줄이기 위한 일시적인 대책이 아니라 지속 가능한 삶을 위한 근본적인 변화가 필요합니다. 에너지 소비를 줄이고, 탄소 배출을 최소화하며, 자연과 공존하는 삶의 방식으로 전환하는 것이야말로 미래를 위한 가장 중요한 대응 방법이라고 할 수 있습니다.

'온실가스'라는 말을 들어 본 적 있나요? 지구 온난화의 원인으로 온실가스를 말하기도 하지만 온실가스가 나쁘다고만 말할 수는 없습니다. 공기 중의 온실가스는 지구 밖으로 나가는 태양 복사에너지의 일부분을 흡수하여 지구를 적정한 온도로 유지해 주는 역할도 하기 때문입니다. 온실가스가 없다면 지구 표면 온도는 영하 20℃ 정도로 떨어진다고 합니다. 그런데 온실가스가 너무 많아지면 어떻게 될까요? 지구의 온도가 높아지는 현상이 발생하게 되는데 우리는 이러한 현상을 '지구 온난화'라고 합니다.

▲ 지구 온난화의 주된 원인 온실가스

지구 온난화의 주요 원인으로 알려져 있는 것은 이산화탄소이며 전체 온실가스 배출의 약 80% 이상을 차지합니다. 이산화탄소는 자연적으로도 발생하지만, 산업 활동, 자동차 사용, 에너지 소비 등 인간의 활동으로 인해 배출량이 계속해서 증가하고 있습니다. 그래서 전 세계는 이산화탄소의 배출량을 줄이기 위해 노력하고 있습니다. 온실가스의 감축 목표이자 의지를 담은 표현으로 '탄소 중립', '탄소 제로'를 추구하게 된 것입니다. 탄소 중립은 온실가스 배출량과 흡수량을 같아지도록 해서 대기 중에 남아 있는 탄소를 제로(0)로 만드는 것입니다. 우리는 탄소중립을 만들기 위해 온실가스 배출량을 줄이고 흡수량을 늘리는 방법을 찾아야 합니다. 어떤 방법이 있을까요?

탄소 중립을 위한 실천

탄소중립을 위한 실천으로는 온실가스를 만드는 이산화탄소, 메탄, 아산화질소 등의 배출을 줄이는 것입니다. 특히, 석탄과 석유 등 화석 연료의 사용은 이산화탄소를 대기 중에 배출시키는 데 큰 영향을 미치고 있다고 해요. 그리고 고기나 우유를 얻기 위해 기르는 소나 돼지 등의 트림과 방귀에서도 메탄가스가 배출되는데, 이 메탄 역시 강력한 온실가스로 지구 온난화를 증가시키는 데 영향을 미치고 있습니다. 화석 연료의 사용을 최소화할 방법을 찾고, 온실가스를 배출하지 않고도 사람들이 불편 없이 생활할 수 있는 방법을 고민해야 합니다.

온실가스의 흡수량을 늘리기 위해서는 산지, 초원과 같은 녹색 환경을 보호하고, 갯벌이나 습지와 같은 자연 생태 자원을 보전하는 일이 매우 중요합니다. 특히, 숲을 가꾸고 나무와 식물을 심고 돌보는 활동은 대기 중의 이산화탄소를 효과적으로 흡수하는 데 도움이 됩니다.

최근에는 갯벌의 탄소 흡수력에도 주목하고 있답니다. 갯벌의 해양 생물이 광합성을 통해 탄소를

◀ 환경 책임을 측정하는 중요 기준 탄소발자국 (출처 : 환경부 탄소중립포털)

▲ 친환경 건축물인 런던시청. 자연 채광으로 에너지 소비량 감소 효과

흡수하는 능력은 상당히 크다고 해요. 갯벌에 서식하는 미세 조류 역시 광합성을 통해 대기 중의 이산화탄소를 흡수한다고 해요. 그래서 이러한 생물들이 모여 살아가는 갯벌은 '블루카본(Blue Carbon)' 생태계로 불리기도 합니다.

갯벌을 비롯한 해안 생태계의 보전과 복원은 기후 변화에 대응하는 매우 효과적인 방법이라고 할 수 있어요. 앞으로는 숲뿐 아니라 바다와 갯벌을 지키는 일이 지구의 탄소 중립을 유지하는 중요한 열쇠가 될 것입니다.

최근에는 공기 중에 떠다니는 온실가스를 직접 흡수하여 걸러내는 장치를 개발하려는 노력이 활발히 이루어지고 있습니다. 이러한 기술은 '직접 공기 포집(Direct Air Capture)'이라고 불리며, 대기 중의 이산화탄소를 모아 저장하거나 다시 활용할 수 있도록 합니다.

또한, 온실가스가 공기 중으로 배출되기 전에 포집하여 처리하는 기술에도 큰 관심이 쏠리고 있습니다. 이 기술은 '탄소 포집·활용·저장(CCUS, Carbon Capture, Utilization and Storage)'이라 불리며, 발전소나 공장 등에서 나오는 이산화탄소를 미리 모아 땅속에 저장하거나 다른 산업 자원으로 재활용하는 방법입니다.

이처럼 첨단 기술을 활용한 온실가스 감축 노력은 자연 생태계 보전과 더불어 지속 가능한 미래를 위한 또 하나의 중요한 해결책이 되고 있습니다. 그럼에도 불구하고 가장 좋은 방법은 탄소 배출을 줄이는 노력이겠죠?

탄소 중립을 위해 우리가 실천할 방법은 무엇일까요? 아래의 실천 내용 이외에 우리가 일상생활에서 실천할 방법을 생각해 봅시다.

문화 간 갈등을 해결할 방법은 무엇일까요?

오늘날 우리는 교통과 통신 수단의 발달에 따라 편리한 이동의 환경에서 살아가고 있습니다. 이에 따라 서로의 문화를 교류하고 향유하면서 풍부한 문화다양성의 사회를 만들어가고 있습니다. 그러나 때로는 상대방의 문화를 이해하지 못하고 가치관의 충돌로 인해 갈등이 발생하기도 합니다.

종교와 문화는 전통이나 생활 방식은 물론, 사람들의 생각과 행동, 세계를 바라보는 관점에도 깊은 영향을 미칩니다. 자신의 생각과 가치관, 고유의 생활방식을 가지는 것이 바로 문화적 정체성을 만드는 것입니다. 이러한 문화적 정체성은 자신의 취향, 개성, 적성, 특기 등을 형성하고 표현하는 데 영향을 줍니다.

그런데 자신의 생각과 생활 방식으로 다른 사람의 생각과 행동, 생활 모습을 평가하려는 것은 바람직하지 않지요. 그것은 자칫 고정관념과 문화적 편견으로 이어질 수 있어요. 고정관념은 다른 사람이 처한 환경을 고려하지 않고 자신이 이미 가지고 있는 생각을 그대로 고수하려는 사고방식이기 때문에 다른 사람들과 소통에 장애가 될 수 있습니다. 문화적 편견은 개인 또는 집단의 생활 모습과 문화에 대해 고정관념을 갖고 판단하는 데서 나타나는 결과입니다. 그리고 문화적 편견에는 더 좋은 문화가 있고 더 열등한 문화가 있다는 생각(우열 의식)이 담겨 있어서 나와 다른 문화의 사람들과 소통과 상호 교류를 어렵게 만들며 서로를 이해하고 존중하는 데 장애물이 될 수 있습니다. 그래서 종교나 문화가 다른 경우 서

▲ 광주 고려인 마을 풍경

로의 문화를 존중하지 않고 자기 생각과 행동만을 고집하면, 갈등과 분쟁이 발생할 수 있어요.

갈등과 분쟁은 인권 존중의 가치를 훼손할 수도 있습니다. 그래서 여러 사람의 생각과 문화를 살펴보면서 자신의 생각 및 문화와 비교하여 공통점과 차이점을 찾아보고 서로의 차이를 존중하면서도 협력적으로 함께 실천할 수 있는 방안을 찾는 노력이 중요해요.

지금처럼 세계화된 사회에서는 나와 다른 문화의 사람들을 자주 접하게 됩니다. 우리나라 사람들도 여러 가지 목적으로 해외에 나가서 생활하고 있으며 많은 외국인들도 우리나라에 들어와서 우리와 같은 사회 구성원으로 함께 살아가고 있습니다. 이렇게 여러 문화권의 사람들이 한 사회에서 함께 살아가는 모습을 다문화 사회라고 말합니다. 우리는 다문화 사회에서 살고 있습니다. 그래서 우리에게 필요한 것은 서로의 다름을 인정하고 협력하면서 살아가려는 태도가 필요합니다. 다른 사람의 문화를 이해하고 함께 나누며 실천하려는 태도라면 더 좋습니다. 이러한 생각과 태도를 우리는 '문화 감수성'이라고 합니다.

나의 문화 감수성을 살펴볼까요? 아래 물음에 대해 여러분의 생각을 표현해 주세요.

1. 매일 아침 학교 운동장에는 여러 친구가 그네 타기, 축구, 정글짐 놀이 등을 하고 있습니다. 나는 어떻게 할까요?

2. 우리 마을에 한 가족이 이사를 왔습니다. 나는 어떻게 할까요?

3. 우리 반에 외국인 친구가 전학을 왔습니다. 나는 어떻게 할까요?

4. 지역사회 친구들이 모인 캠프에 참여하였습니다. 팀별로 저녁 식사를 준비하여 먹습니다. 나는 어떤 음식을 준비할까요?

5. 해외 여행에서 여러 나라 사람들을 만나게 되었습니다. 나는 어떻게 할까요?

모든 사람이 가난하지 않게 살아갈 수 있는 방안은 무엇일까요?

인류가 처음 지구상에 등장했을 때에는 인구가 많지 않았습니다. 사람들은 주변에서 얻을 수 있는 식물과 동물을 채취하거나 사냥하고, 물고기를 잡으며 살아갔습니다. 이러한 생활은 자연의 자원을 직접 얻어 스스로 필요한 것을 마련하는 자급자족의 형태였습니다.

그러나 인구가 점차 늘어나고, 사람들이 모여 서로의 생각과 지혜를 나누게 되면서 농경과 목축이 발달하고 정착 생활이 시작되었습니다. 이는 더 많은 사람들을 먹여 살릴 수 있는 기반을 마련했지만, 동시에 토지와 자원의 차이로 인한 불평등이 생겨나는 계기가 되었습니다.

1700년대 영국에서 일어난 산업혁명은 사람들의 생산 활동에 큰 변화를 가져왔습니다. 기계가 발명되고 공장이 세워지면서 생산품의 양과 종류가 빠르게 늘어났고, 기술의 발전으로 생활은 이전보다 편리해졌습니다.

하지만 이러한 변화가 모두에게 이익이 된 것은 아니었습니다. 공장이 늘어나면서 도시로 일자리를 찾아 이동한 사람들이 많아졌고, 그 과정에서 노동 환경이 열악한 노동자 계층이 생겨났습니다. 낮은 임금, 긴 노동 시간, 아동 노동 등의 문제가 나타나면서 경제적 빈곤이 새로운 사회 문제로 떠올랐습니다.

즉, 산업혁명은 생산력의 향상과 기술 발전을 가져왔지만, 동시에 부의 불평등과 사회적 격차를 심화시키는 결과를 낳았습니다. 오늘날에도 기술 발전이 계속되고 있지만, 그 혜택이 모두에게 고르게 돌아가도록 하기 위한 사회적 노력이 여전히 필요합니다.

이후 교통과 통신 수단의 발달로 사람들의 생활 범위는 지구 전체로 넓어졌습니다. 사람들은 국경을 넘어 상품을 사고팔고, 정보를 주고받으며 살아가게 되었지요. 이러한 현상을 세계화라고 합니다.

세계화는 여러 나라와 지역이 서로 긴밀하게 연결되면서 생산과 소비 활동이 전 세계로 확대된 것을 의미합니다. 기업들은 값싼 노동력과 자원을 찾아 다른 나라에 공장을 세우기도 하고, 사람들은 세계 여러 지역의 상품을 쉽게 소비할 수 있게 되었습니다.

그러나 이러한 변화는 모든 사람에게 동등하게 이익을 주지 않았습니다. 일부 지역에서는 경제 성장이 빠르게 이루어졌지만, 다른 지역에서는 여전히 저임금 노동, 실업, 빈곤이 심화되는 등 경제적 불평등이 커졌습니다. 즉, 세계화는 사람들의 삶을 풍요롭게 만들기도 했지만, 동시에 부의 편중과 빈곤 문제를 세계적인 차원으로 확산시키는 결과를 낳기도 했습니다.

따라서 오늘날의 세계화 사회에서는 단순한 교류와 경쟁을 넘어, 공정한 무역과 지속 가능한 발전, 그리고 빈곤 해소를 위한 국제적 협력이 중요하게 요구되고 있습니다.

많은 국가는 무역을 통해 자국의 기술로 만든 물건이나 생산 자원을 다른 나라에 팔아 경제적 이익을 얻습니다. 또, 직접 생산하면 비용이 많이 드는 물건은 다른 나라에서 더 저렴하게 구입할 수 있습니다. 이러한 교류를 통해 전 세계가 함께 경제적으로 성장하고 빈곤 문제도 점차 해결될 것이라는 기대가 있었습니다.

그러나 실제로는 나라별로 경제 발전의 속도와 여건이 달랐고, 무역의 이익도 공평하게 나누어지지 않았습니다. 일부 부유한 국가는 더 많은 이익을 얻은 반면, 자원이나 기술이 부족한 국가는 여전히 경제적으로 어려운 상황에 놓이게 되었습니다.

또한 세계화와 시장 경쟁이 심화되면서 국가 내부의 불평등도 커졌습니다. 그리고 일자리의 불안정과 저임금 노동으로 인해 경제적 빈곤층이 늘어났습니다.

결국 무역과 경제 성장만으로는 빈곤이 자동으로 해결되지 않음을 알 수 있습니다. 공정한 무역, 사회적 안전망 강화, 교육과 기회의 평등을 통해서만 지속 가능한 성장이 이루어지고, 진정한 의미의 빈곤 해소가 가능할 것입니다.

빈부격차는 인간답게 살아가기 위해 가장 기본적인 조건인 의식주의 차이를 만들어 냅니다. 먹을 것과 입을 것, 그리고 몸을 보호할 수 있는 거주지는 인간의 존엄한 삶을 유지하기 위한 최소한의 요소입니다. 그러나 경제적 빈곤은 이러한 기본적인 필요를 충족시키기 어렵게 만들며, 삶의 질을 떨어뜨리고 사회적 불평등을 심화시킵니다.

건전한 사회는 모든 사람이 서로 협력하며 평화롭게 살아가고, 개인의 삶이 존중받는 사회입니다. 따라서 우리는 빈곤과 불평등을 단순한 개인의 문제가 아닌 사회 전체의 책임이자 해결 과제로 바라봐야 합니다.

모든 사람이 의식주의 걱정 없이 인간다운 삶을 누릴 수 있도록, 공정한 기회 보장, 복지 제도 강화, 지속 가능한 경제 구조를 만들어 가야 합니다. 그것이 바로 빈곤을 줄이고 인간의 존엄을 지키는 길이며, 더 나은 미래 사회로 나아가는 출발점입니다.

더 알아보기

환경적 빈부격차, 기후 불평등

▲ 둠벙, 기후환경에 따라 농경에 필요한 물의 공급, 홍수 및 가뭄 예방을 위한 조상의 지혜

경제적으로 어려운 지역일수록 기후변화로 인한 재난에 더 취약합니다. 기후 재난에 대비할 기술과 자본이 필요하기 때문입니다. 또한, 경제적으로 어려운 지역일수록 기후변화에 미치는영향력은 더 작은 경우가 많습니다. 그런데 안타깝게도 기후변화의 책임이 적은 지역에서 오히려 기후변화의 피해를 더 크게 받는 경우가 많이 나타나고 있습니다.

경제적으로, 기술적으로 기후변화에 대응이 어려운 지역에서는 기후변화로 인한 가뭄, 홍수, 식량 부족 등의 피해가 매우 심각하게 발생하고 있습니다. 이 지역들은 기후변화에 영향을 주는 것으로 알려진 온실가스 배출에 있어서 큰 비중을 차지하지 않았지만, 기후변화로 인한 피해를 크게 겪고 있는 경우가 많아요. 비슷한 사례로 태평양의 작은 섬나라들은 탄소 배출이 적음에도 불구하고 해수면 상승으로 삶의 터전을 잃을 위기에 놓여 있습니다.

우리나라에서도 기후변화로 인한 불평등은 존재합니다. 폭염은 냉방 시설을 충분히 사용하지 못하는 사람들에게 더 큰 고통이 되고, 폭우는 반지하나 노후 주택에 사는 사람들에게 더 큰 피해를 줄 수 있습니다. 이러한 문제를 해결하기 위해서는 기후정의(Climate Justice)의 실천이 필요합니다. 기후정의란, 기후변화의 원인과 책임, 그리고 피해의 차이를 공정하게 바라보고 해결하려는 생각과 행동을 말합니다. 즉, 기후변화로 가장 큰 피해를 받는 사람들이 더 이상 희생되지 않도록, 지구상의 모든 사람들이 더 큰 책임을 갖고 기후변화에 대응하는 데 협력할 수 있어야 한다는 것입니다. 기후정의는 단지 환경을 지키는 일을 넘어서 사람과 사람 사이의 공정함, 사람과 자연과의 조화로움을 지키는 일입니다. 우리 모두가 작은 실천으로 지구환경과 이웃을 지킬 수 있다는 생각입니다. 이를 위해서 어떤 실천이 필요한지 생각해 봅시다. 그간 기후변화에 적응하며 살았던 조상들의 지혜에서 방법을 찾아볼까요?

앞에서 우리는 지속가능발전목표(SDGs)에 대해서 배웠습니다. 모든 종류의 불평등 극복, 지구촌의 빈부격차 문제를 해결하기 위해 설정한 목표들입니다. 지구촌 사회에서도 많은 노력을 하고 있습니다. 어떤 노력을 하고 있는지 찾아봅시다.

세계시민은 왜 필요할까요?

각 개인의 생활 범위는 꾸준히 넓어지고 있습니다. 과거에는 태어난 고장에서 주로 생활했지만, 이제는 개인의 의지와는 상관없이 글로벌 사회에서 생활하게 되었습니다. 우리는 고장에서 생산한 식재료로 만든 음식을 주로 먹지만, 외국의 식재료를 활용한 음식 또는 외국의 전통 음식 등 세계 여러 음식을 즐기고 있기도 합니다.

우리의 전통 옷을 사랑하고 좋아할지라도 외국에서 만들어진 옷을 입는 것은 우리들의 자연스러운 일상생활이 되었습니다. 이러한 사회를 지구촌 사회라고 합니다. 오늘날 우리들의 생활 범위는 태어난 고장, 국가의 범위를 넘어서서 지구촌 사회로 확장되어 있습니다.

그래서 우리는 지구촌의 지속 가능한 미래를 위해 지구촌 사람들과 함께 노력해야 합니다. 지구촌 어딘가에서 환경오염이 심각하게 발생하거나 코로나19와 같은 바이러스가 나타나면 또는 문화적 편견과 차별 등으로 분쟁과 갈등이 발생하면 지구촌 사회의 건강함과 평화로움은 위협받게 됩니다. 지구촌 구성원 모두가 삶의 질 향상을 위해 노력해야 합니다. 그러면, 지속 가능한 미래를 위해서 우리는 어떤 준비를 해야 할까요? 지구촌 사회의 건강하고 지속 가능한 환경 만들기에 관심과 실천의지를 키우고 실천하는 세계시민이 필요합니다.

세계시민은 어떤 사람일까?

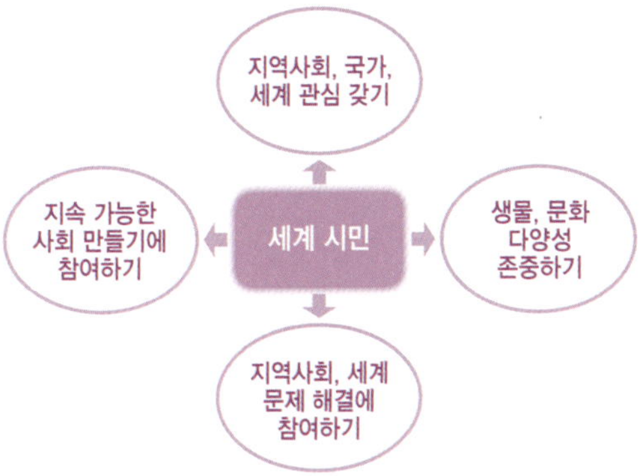

지구에는 사람들이 점점 많아지고, 서로 다른 생각과 문화를 가진 사람들이 늘어나면서 여러 가지 공동체가 생겨났어요. 이렇게 다양한 사람들이 모여 함께 살아가다 보니, 각 공동체마다 고유한 문화가 발달하게 되었지요. 그래서 오늘날의 지구촌에는 여러 나라와 지역에서 온 사람들이 서로 다른 문화를 가지고 살아가고 있어요. 오늘날에는 약 80억의 인구가 200여 개의 국가를 형성하여 살아가고 있답니다. 지구촌에는 다양한 사람들, 다양한 문화가 있지요. 우리가 다른 문화를 이해하고 존중할 때, 지구촌은 더 평화롭고 행복한 곳이 될 수 있습니다. 서로의 다름을 인정하고 함께 어울리며 살아가는 것이 지구촌의 중요한 모습이에요.

그간 세계에서는 끊임없이 분쟁과 갈등이 발생했고 1914년과 1939년에는 제1차 세계 대전과 제2차 세계 대전이 발생했습니다. 두 번의 커다란 세계 대전은 유럽에서 시작되었지만, 세계의 많은 나라가 이 전쟁에 참여하게 되었습니다. 전쟁은 사람들의 삶과 여러 나라의 사회, 문화에 큰 영향을 주었지요. 많은 사람들이 가족을 잃고, 도시가 파괴되며, 평화의 소중함을 깨닫게 되었습니다. 이에 지구촌 사회는 더이상 지구상에 이런 비극이 발생하지 않도록 그리고 세계평화를 위해서 국제기구 국제 연합(유엔, UN)을 만들었어요. 국제 연합에서는 특별히 교육, 과학, 문화 등 분야에서 국제 협력을 촉진하여 세계 평화와 인류 발전을 증진하고자 유네스코(UNESCO)를 만들었습니다. 이후 국제 연합과 유네스코에서는 세계 평화와 인류 발전을 증진하기 위해 사람의 마음속에 '평화'의 씨앗을 뿌리고 싹 트게 할 수 있는 최상의 방법으로 '교육'을 생각했고, 그 교육은 세계인의 마음에 세계시민의식을 길러주어서 세계시민으로 살아갈 수 있게 하는 중요한 활동으로 여기게 되었습니다.

교육을 통해서 지구촌 사회가 '더 풍요롭고, 더 정의로우며, 더 다양한 문화가 존중받고, 더 높은 삶의 질을 누릴 수 있는 지속 가능한 세계를 만드는 데 이바지할 수 있는 능력과 태도를 갖춘 사람'을 길러내기 위해 노력해 왔습니다. 세계시민은 21세기 지구촌 사회의 여러 가지 도전 과제에 관심을 두고 관련 지식, 기술을 갖추어 적극적으로 참여하려는 사람이라고 할 수 있습니다. 세계시민은 지역사회, 국가, 세계의 자연환경과 인문환경에 관심 두고 다양한 생물과 문화를 존중하고 지역사회, 국가, 세계에서 발생하여 사람들의 삶에 불편함과 피해를 주는 문제 해결에 참여하면서 지구촌 사회의 지속 가능한 미래를 만드는 데 참여하는 사람이라고 할 수 있습니다.

나는 세계시민으로 성장하고 있는가?

세계시민은 자신이 사는 지역뿐 아니라 지구 전체를 생각하며 행동하는 사람입니다. 그래서 올바른 정보를 바탕으로 문제를 비판적으로 바라보고, 다른 사람과 협력하며 더 나은 세상을 만드는 노력이 중요합니다.

이처럼 세계시민으로서 살아가기 위해서는 지식, 태도, 실천의 세 가지 능력을 함께 길러야 합니다. 다음에서 세계시민으로 성장하고 있는 나의 모습을 살펴 봅시다.

- 시민은 세계지도를 활용하여 세계의 자연환경을 파악하고 지역의 문화를 이해해요.
- 시민은 우리 지역 문화와 다른 지역 문화에 관심을 갖고 다양성을 존중해요.
- 시민은 지구상의 생물들을 관찰하고 보호하기 위해 함께 노력을 기울여요.
- 시민은 지역사회, 국가, 세계에 발생한 문제들에 관심 두고 해결 방안을 찾아요.
- 시민은 이웃과 다른 지역 사람들이 겪는 어려움에 관심을 가지고 도움 줄 방법을 생각해서 실천해요.
- 시민은 지역사회의 깨끗한 환경을 위해서 역할을 할 수 있어요.
- 시민은 지역사회 사람들이 평화롭게 살아갈 수 있게 역할을 할 수 있어요.
- 시민은 지속 가능한 지구촌 사회가 무엇인지 설명할 수 있어요. 그리고 지속 가능한 세계를 상상할 수 있어요.

위의 내용 이외 세계시민이 되기 위해 필요한 능력에는 무엇이 더 있을까요? 여러분은 세계시민으로서 어떤 실천을 하고 있나요?

세계시민은 어떤 사람인지 아래 그림을 참고하여 세계시민 이미지를 만들어 봅시다.

우리의 지리 공부, 이제 시작이에요!

드디어 책의 마지막 페이지에 도착했습니다! 이제까지 우리는 지도를 펴고 우리나라 곳곳을 살펴보며, 세계의 다양한 나라들을 여행했습니다. 높은 산과 깊은 강, 사계절이 뚜렷한 자연환경 속에서 살아가는 사람들의 지혜를 배웠고, 도시와 농촌, 섬과 바다가 어우러진 우리나라의 모습을 새롭게 바라보았지요. 또한, 세계 여러 나라의 기후와 문화, 사람들의 생활 모습 속에서 지구가 얼마나 다양하고 풍요로운 곳인지를 느낄 수 있었습니다. 공부를 마친 지금, 여러분의 머릿속에는 수많은 지명이 남아 있을지도 모르지만, 그보다 더 중요한 것은 '세상을 바라보는 새로운 눈'을 갖게 된 것이에요. 그 눈은 바로 '시민의 눈', 세상의 변화를 이해하고 다른 사람과 자연의 삶을 함께 생각하는 따뜻한 시선입니다.

처음 이 책을 펼쳤을 때와 지금의 여러분은 분명 달라졌을 거예요. 처음에는 복잡하게만 보였던 지도가 이제는 우리 이웃들의 삶과 연결된 이야기로 가득 찬 그림처럼 보일 거예요. "왜 이 지역 사람들은 이렇게 살까?" "왜 이런 문제가 생겼을까?" 하고 스스로 질문하는 여러분을 발견하게 될 것입니다. 바로 그것이 '시민의 눈'으로 세상을 바라보는 힘이고, 이 책이 여러분과 함께 나누고 싶었던 가장 중요한 배움이랍니다.

우리가 이 책에서 함께 배운 가장 중요한 것은 바로 이거예요. 지리 지식은 시험 문제의 정답을 찾기 위해서가 아니라, 세상을 더 좋은 곳으로 만들기 위해 쓰이는 것이랍니다. '위치'나 '기후', '산업' 같은 단어 뒤에는 언제나 사람들의 삶과 자연의 관계가 숨어 있어요. 그리고 우리 동네 쓰레기를 줄이는 것, 물에 관심을 가지고 관리하는 방법을 아는 것, 다른 문화권 친구들을 존중하고 서로의 문화를 즐기는 것, 뉴스를 보고 "왜 그런 일이 일어났을까?" 질문하는 것 등은 지리를 통해서 세상을 이해하는 눈을 키우는 일이에요. 이 모든 것이 바로 여러분이 시민으로 성장하고 있다는 증거라고 할 수 있어요.

이 책을 통해 여러분은 지구촌 곳곳의 모습을 살펴보았습니다. 눈 덮인 북극에서부터 뜨거운 사막, 울창한 열대우림, 푸른 바다의 섬들까지. 모두 지구라는 하나의 집 안에 사는 이웃이지요. 그런데 요즘 지구에는 기후 변화로 인한 폭염과 홍수, 사라지는 숲과 동물들, 깨끗하지 않은 공기까지. 이런 문제들은 단지 어떤 한 나라의 일이 아니라 지구에 사는 모든 사람의 문제예요. 지리를 배우며 여러분이 느꼈던 것처럼, 세상은 수

많은 관계로 연결되어 있어요. 한 지역의 변화가 멀리 떨어진 다른 지역의 환경과 삶에도 영향을 미칩니다. 그래서 우리는 지구의 한 구성원으로서 자연을 아끼고, 환경을 지키며, 함께 살아가는 방법을 찾아야 해요. '시민의 눈'이 필요한 이유입니다.

이 책은 여기서 끝이 나지만, 여러분의 '시민'으로서의 지리 공부는 이제부터 진짜 시작입니다. 학교에서, 집에서, 친구들과 이야기할 때도 여러분의 힘 있는 '시민의 눈'을 계속 활용해 보세요. 가족과 여행을 갈 때도, 뉴스를 볼 때도 "저기는 어디인가? 왜 거기에서 그런 일이 있는가? 왜 그러한 모습인가? 우리와는 어떤 관계가 있는가?" 등의 여러 가지 질문을 해 보세요. 그러면 세상이 훨씬 더 재미있고 입체적으로 보일 거예요.

여러분은 충분히 훌륭한 시민으로서의 능력을 갖추고 있을 것으로 생각해요. 이 책이 여러분의 그 힘을 더욱 키워주는 데 작은 도움이라도 되었기를 바랍니다. 자, 이제 책을 덮고 당당하고 멋진 '시민'의 첫걸음을 내딛으세요! 여러분의 밝은 미래를 진심으로 응원합니다! 지금까지 함께해 주어서 고맙습니다. 미래를 만들어갈 멋진 시민 여러분!

- 교육부, 2019, 초등학교 사회과부도, ㈜지학사
- 국토지리정보원, https://www.ngii.go.kr/kor/main.do
- 국가통계포털, https://kosis.kr/index/index.do
- 농촌진흥청 농사로, https://www.nongsaro.go.kr
- 독도연구소, http://www.dokdohistory.com/main.do
- 독도종합정보시스템, https://www.dokdo.re.kr
- 문화재청, https://www.cha.go.kr/main.html
- 외교부, https://www.mofa.go.kr/www/index.do
- 유네스코한국위원회, https://www.unesco.or.kr
- 유네스코아시아태평양국제이해교육원, http://www.unescoapceiu.org
- 정두용, 김희경, 김다원, 2015, 왜 유럽5개국인가, 푸른길
- 지속가능발전포털, http://ncsd.go.kr
- 통계청, https://kostat.go.kr/ansk
- 한국민족문화대백과사전, https://encykorea.aks.ac.kr
- 환경부, http://me.go.kr/home/web/main.do